Manfred Betzwieser
Geheimnisvolles El Hierro

Manfred Betzwieser

Geheimnisvolles El Hierro

Mysterien, Wunder und Schönheiten dieser einzigartigen Insel

Bibliografische Information der Deutschen Nationalbibliothek
Die Deutsche Nationalbibliothek verzeichnet diese Publikation in der Deutschen Nationalbibliografie; detaillierte bibliografische Daten sind im Internet über http://dnb.d-nb.de abrufbar.

Herstellung und Verlag: Books on Demand GmbH, Norderstedt

ISBN 978-3-8391-8633-6

**Copyright © 2010 – Manfred Betzwieser
Alle Rechte vorbehalten**

Dieses Buch darf auch nicht auszugsweise ohne die schriftliche Zustimmung des Autors kopiert werden. Urheberrechtsverletzungen werden verfolgt.
Haftungsausschluss: Die Inhalte dieser Publikation wurden sorgfältig recherchiert. Der Autor haftet nicht für Folgen von Irrtümern oder daraus entstehende Schäden.

Vorwort

Kapitel 1

Die vergessene Insel oder warum El Hierro nicht bekannt ist ?

- Das Leben auf El Hierro
- Über die Herzwärme der Menschen
- Stress auf den Straßen – unbekannt
- Die bewegte Vergangenheit

Kapitel 2

Wie komme ich nach El Hierro ?

Kapitel 3

Wo sie ihre Unterkunft suchen sollten !

- El Golfo – ein Traum
- Kinderparadies Tamaduste
- Die Tauchoase Restinga

Kapitel 4

Atemberaubende Ausblicke - wo finde ich die schönsten Miradore

- Mirador La Pena
- Mirador de Jinama
- Mirador de Las Playas
- Mirador de Tanajara
- Hoyo del Morcillo

Kapitel 5

Lebensfreude und Fiestas

- Die Bajada Virgen de Los Reyes
- Fiesta – Kalender

Kapitel 6

Auf der Suche nach mysteriösen Höhlen

- Cueva del Acantilado
- Cueva del Caracol
- Cueva de Don Justo und del Diablo

Kapitel 7

Das Perpetuum Mobile von El Hierro

- Die Idee und Planungsphase
- Umsetzung und Bauphase

Kapitel 8

Bis ans Ende der Welt

Kapitel 9

Gibt es die Riesenechsen von El Hierro ?

- Was ist überhaupt eine Riesenechse ?
- Das neue Lagartario

Kapitel 10

Geheimtipp: Die besten Badebuchten

- Playa de La Maceta
- Charco de Los Sargos
- Pozo de Las Calcosas
- Rio del Tamaduste
- Cala de Tacoron

Kapitel 11

Der Weltraumbahnhof El Hierro

- Eine blühende Zukunft
- Der Widerstand formiert sich
- Der Kampf um die Radaranlage

Kapitel 12

Der versunkene Vulkan – El Golfo

- Die geologische Vergangenheit
- Die imposante Talebene
- La Frontera
- Ananas und Bananen – die fruchtbare Talsenke

Kapitel 13

Garoe – die wundersame Wasservermehrung

- Der heilige Baum (Arbol Santo)
- Legenden und Sagen

Kapitel 14

Mysteriöse Funde aus der Vorzeit

- Ruinendorf El Albarrada
- Las Montanetas
- La Guinea
- Botschaften der Ureinwohner

Kapitel 15

Von was leben eigentlich die Herrenos ?

- Bietet die Landwirtschaft noch eine Existenzgrundlage
- Geld aus Südamerika
- Wenn da nicht die Subventionen wären

Kapitel 16

Genuss und Überraschendes

- Quesadillas – die süße Verführung
- Restaurantempfehlungen
- Leberwurst und Schweinskopfsülze

Kapitel 17

Täuschung oder Wirklichkeit – die Insel San Borondon

- Was ist dran an dieser geisterhaften Insel – Die Sage und Legende
- Expedition zur verschwundenen Insel
- Was wissen wir von der geheimnisvollen Insel ?
- Neue Beobachtungen und Erklärungsversuche
- Das unheimliche schwarze Loch
- Ist San Borondon eine Fata Morgana ?

Vorwort

Dinge die sie vor dem studieren dieser Lektüre wissen sollten. Dieses Buch habe ich nicht als allumfassender klassischer Reiseführer geschrieben, sondern bewusst Plätze und interessante Dinge zu El Hierro heraus gepickt die sie vielleicht interessieren werden. Das will ich mal so hoffen.
Zur Zeit gibt es noch keinen Tourismusführer zur vergessenen Insel El Hierro der ein Prädikat verdient, auch nicht ansatzweise.
Ich habe mich mit den Details ausführlich befasst und gebe Ihnen alles nach bestem Wissen und Gewissen weiter.
Verzeihen sie mir bitte etwaige Rechtschreib- und Formulierungsfehler – die Botschaft werden sie aber auch so verstehen.
Als selbständiger Reiseleiter lebe ich mit Familie seit 15 Jahren fest auf der Nachbarinsel La Palma und bin dadurch mit allen Gepflogenheiten und Feinheiten der Kanaren bestens vertraut.
Auch wenn sie vielleicht hin und wieder meine Gedanken nicht sofort nachvollziehen können, verlassen sie sich einfach auf meine Insiderkenntnisse.

Bereits gleich nach ihrer Ankunft auf El Hierro, kommen sie auf ihrem Wege Richtung Valverde an diesem Königsmonument vorbei und werden sich erstaunt die Augen reiben.

Das fertige Monument

Noch im Bauzustand

Es ist ein Kunstwerk aus nicht mehr benötigten Gebrauchsgegenständen wie alte Kraftfahrzeuge, Kühlschränke und Waschmaschinen – auch Müll genannt. Ruben Armiche aus Gran Canaria, dessen Eltern aus El Hierro stammen, hat anlässlich der Feierlichkeiten zur Bajada 2009 dieses Werk geschaffen. Von Ruben Armiche treffen sie auch in Valverde großflächig bemalte Hausverkleidungen oder die Gestalt des Neptun in Las Calcosas an. Ein Inselkünstler eben ...

Zur Hauptstadt Valverde gibt es nicht viel zu sagen. Durch seine bergige Lage hängt Valverde (grünes Tal) oft in den Wolken.

Sehenswert die Plaza Prinzipal mit Rathaus und Stadtkirche „Santa Maria de la Conception" und vielleicht das Archäologische Museum im oberen Stadtteil.

Santa Maria de la Conception   Museum „Artesania Herrena"

Außer diesen Sehenswürdigkeiten ist Valverde nicht gerade das Aushängeschild für das Naturjuwel El Hierro.

Auch an Kritik wird nicht gespart, da wo es notwendig und angebracht ist. Es soll zum Nachdenken anregen.
Für sie als Leser habe ich objektiv ohne Scheuklappen auch Probleme der Herrenos durchleuchtet die sie als Gast sonst niemals erfahren würden.
Viele Merkwürdigkeiten, Bräuche und Geheimnisse werden erst durch das Hintergrundwissen verständlich.
Tauchen sie ab in die Mysterien, Wunder und Schönheiten dieser einzigartigen Insel und lassen sie sich vom El Hierro Virus anstecken

das wünscht Ihnen

    Manfred Betzwieser im September 2010

Über ein kleines Feedback an La.Palma@web.de würde ich mich freuen.

Copyright © 2010 – Manfred Betzwieser
Alle Rechte vorbehalten
Dieses Buch darf auch nicht auszugsweise ohne die schriftliche Zustimmung des Autors kopiert werden. Urheberrechtsverletzungen werden verfolgt. Haftungsausschluss: Die Inhalte dieser Publikation wurden sorgfältig recherchiert. Der Autor haftet nicht für Folgen von Irrtümern oder daraus entstehende Schäden.

Die vergessenen Insel oder warum El Hierro nicht bekannt ist?

Vielleicht haben Sie schon einmal von El Hierro gehört. Vielleicht ist ihnen auch bekannt dass es sich nicht um eine neue Eissorte, sondern um eine kleine Insel handelt. Wo diese Insel liegt wissen sie wahrscheinlich nicht genau und auf der Insel waren sie dann bis heute auch noch nicht.

Woher ich das weiß – 3x dürfen sie raten … oder warum würden sie sonst mein Buch lesen.

Zur Aufklärung:

Die Insel El Hierro ist die südwestlichste Insel der Kanaren. Wenn man von den Kanarischen Inseln hört denkt man in erster Linie an die Insel Teneriffa und Gran Canaria. Bekannt ist vielleicht noch die Insel Fuerteventura und Lanzarote. Die drei westlichen Inseln aber - La Palma, La Gomera und El Hierro - sind meist unbekannt.

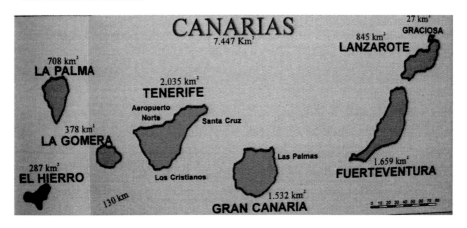

Erst seit den siebziger Jahren tauchen La Palma und La Gomera in den Katalogen der Touristikunternehmen auf. El Hierro wird jedoch nicht angeboten. Nur kleine Spezial Reiseveranstalter haben diese Insel im Programm, meist als Kombinationsprogramm mit La Gomera oder Teneriffa.

Jetzt werde ich jäh durch den Schrei meiner Frau aus meinen Gedanken gerissen:
Thomi treibt ab !!!

Zur Erklärung - Thomi ist unser sechsjähriger Sohn der zurzeit unterhalb des Hauses am Meer spielt. Ein kurzer Sprung zur Brüstung der Terrasse zeigt mir, dass er auf der neuen Luftmatratze seiner großen Schwester gerade auf das offenes Meer abtreibt. Es sind wohl nur 20 m Luftlinie.. aber 25 Treppenstufen abwärts bis ich das Meer erreicht habe. Schnell die Badehose an – wenn man sie braucht dann ist sie nicht zu finden, aber notfalls mit Shorts oder auch nackt. Schnelle Hilfe ist jedenfalls angesagt. Im Eiltempo die Treppenstufen hinab – im Kopf reift schon der genaue Rettungsplan.

Ein Blick ... Entwarnung ... Gott sei Dank.

Seine große Schwester Maike (9 Jahre) hat sich bereits im Wasser auf den Weg gemacht um ihren Bruder zu retten ... oder ... meine Gedanken stottern – um vielleicht primär nur ihre neue Luftmatratze zu retten.
Egal, beide haben unbeschadet das rettende Ufer wieder erreicht.
Durch die einsetzende Ebbe und den damit verbundenen Sog, hatte er sich langsam vom Strand Richtung offenes Meer entfernt.

Nicht dass Sie glauben, wir lassen unseren kleinen Thomi unbeaufsichtigt am Meer spielen.
Nein, von unserer Terrasse haben wir die Kinder immer im Auge. Zudem darf er sich niemals in Meeresnähe ohne seine Schwimmflügel bewegen.

Wir haben hier auf den Kanaren den Atlantik vor der Haustür, mit all den Begleiterscheinungen eines Meeres. Kräftiger Wellengang, Ebbe und Flut und ständig Wind. Der Hub der Gezeiten, also der Unterschied zwischen Flut und Ebbe beträgt im Schnitt 1,20 m. Der Atlantik ist kein See oder das doch harmlose Mittelmeer, sondern ein raues Meer dessen Gefahren man sich immer bewusst sein muss.

Da es überhaupt keine Direktflüge aus Europa nach El Hierro gibt, hat sich hier auch kein Tourismus entwickelt. Es gibt wohl seit einigen Jahren einen kleinen Inselflughafen der aber nur von den kleinen Inselhüpfern angeflogen werden kann. Große Düsenjets finden auf El Hierro keine Landepiste. Dadurch stehen auch sehr wenige Unterkunftsmöglichkeiten, Hotels oder Appartements zur Verfügung.
Die Insel wurde einfach vom Tourismus vergessen. Gott sei Dank !
Dadurch ist sie unberührt und unschuldig bis zum heutigen Tage geblieben.
Dass sie trotzdem die Perle der Kanaren ist das will ich Ihnen zeigen.

Ich lebe seit fast 15 Jahren ständig auf der 65 km entfernten Nachbarinsel La Palma. Meine Brötchen verdiene ich als Reiseleiter. Meine Berufstätigkeit ist auch zugleich mein Hobby. Seit vielen Jahren beschäftige ich mich auch privat mit der Entdeckung und Erforschung der kanarischen Inseln. Schwerpunkt waren bisher alle Inseln, ausgenommen die kleine Insel El Hierro.

Warum das so war kann ich auch nicht erklären, zumal El Hierro bei klarem

Wetter von La Palma aus zu sehen ist. Selbst viele Palmeros (das sind die Einwohner von La Palma) haben ihre kleine Nachbarinsel noch niemals betreten.
In Gesprächen wurde ich jedes Mal mitleidig belächelt, wenn ich von El Hierro erzählte.
„Was willst du denn dort – dort gibt es nichts außer einige Berge und Ziegen". Von düsteren Lava - Abstürzen, Schutthalden und Schlimmerem wird warnend berichtete.
Außer Wasser und Brot und etwas Ziegenkäse gibt es nichts zu essen. Es sei daher ratsam genügend Lebensmitteln auf die Insel mitzunehmen. Diese Aussage beschreibt, dass selbst unter Canarios die Nachbarinsel unbekannt ist. Ist es ja auch nicht allzu leicht diese 65 km zurückzulegen. Außer einer wöchentlichen Schiffsverbindung kann man von La Palma die Insel El Hierro nur über Umwege erreichen.

Findet man doch einen Palmero der bereits El Hierro gesehen und besucht hat, erhält man gleich eine andere Aussage und ein anderes Bild von der Insel. Von üppig grünen Wiesen, einer traumhaften Tiefebene, steilen Kratern und der totalen Einsamkeit wird berichtet. Es sei eine Insel auf der es absolut ruhig sei. Wer La Palma kennt weiß das es hier im Vergleich zu manchem Dorf in Deutschland schon sehr ruhig zugeht und El Hierro soll noch ruhiger sein. Quasi der Ruhepol der kanarischen Inseln – eine Robinson Insel.

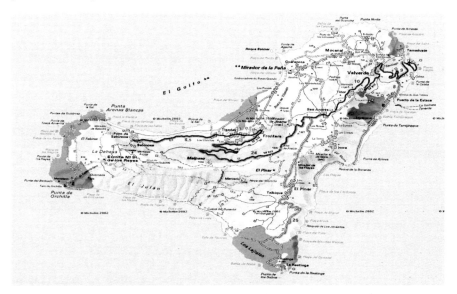

Dies zeigt, dass selbst im nächsten Umfeld unterschiedlichste Ansichten und Meinungen vorhanden sind. Auch gibt es wenig Literatur, Bücher und kaum Kartenmaterial über diese Insel – und wenn doch dann meist in spanischer

Sprache abgefasst.
Die wenigen Reiseführer auf Deutsch haben sich für mich als nicht brauchbar herausgestellt. Dies war auch mein Grund dieses Buch zu schreiben, um ihnen aktuell und umfassend das gewisse Extra und den Reiz El Hierros näher zubringen.

Das Leben auf El Hierro

Der Name El Hierro bedeutet zu deutsch „das Eisen". Hier gab es weder in der Frühzeit noch heute Eisen – Vorkommen.
Wissenschaftler leiten den Namen von „Herradura = Hufeisen " ab. Im 15. Jahrhundert tauchte auch der Name „Fierro" auf. Sprachwissenschaftler führen den Namen auf „Esoro" zurück, was soviel wie stark aber auch heilig heißt. Der Historiker Don José Padron Machin interpretiert „El Hierro heißt stark wie der Fels, und Fels ist heilig auf El Hierro".

El Hierro ist als südwestlichste Insel der Kanaren, die jüngste Insel und vor ca. 1 Million Jahren aus dem Atlantik gewachsen. Sie ist wie alle kanarischen Inseln vulkanischen Ursprungs. Die östlichen Inseln, wie Lanzarote und Fuerteventura bringen es auf 20-30 Mill. Jahre, während die westlichen Inseln La Palma, La Gomera und eben El Hierro erst 1-2 Mill. Jahre alt sind.

Trotz ihrer geringen Fläche von 278 km² hat El Hierro zahlreiche verschiedene Landschaftsformen, vom trockenen Lava überzogenen Süden bis zu den feuchten nebelverhangenen Berghängen ist alles vorhanden.
Die höchste Erhebung ist der im Inselinneren gelegene Vulkankegel Malpaso mit 1501 m Höhe. Die Insel hat die Form eines Stiefels und misst von Nord nach Süd 24 km und Ost nach West 19 km.

Die offizielle Einwohnerzahl wird mit 10.438 angegeben. Tatsächlich dürften es aber nur rund 7500 Einwohner sein, da viele registrierte Bewohner die Insel längst verlassen haben. Die drei Gemeindeverwaltungen Valverde, Frontera und El Pinar sind daran interessiert ihre Einwohnerzahlen möglichst hoch zu halten, da die von Madrid gewährten Subventionen nach der Kopfanzahl berechnet werden. Auf El Hierro gibt es nicht die Verpflichtung sich bei einem Umzug von der alten Gemeinde abzumelden. Rein theoretisch könnte man sich bei allen drei Gemeindeverwaltungen anmelden und würde dann auch als drei Personen gezählt werden. Sicher sind auch eine Reihe von Personen noch gemeldet obwohl sie längst in Südamerika leben.
Für Residenten, also hier gemeldete Personen, gibt es Sondervergünstigungen wie Rabatte bei Flügen oder Schiffspassagen zwischen den Inseln. Diese Vorteile bewahren ausgewanderte Canarios gerne auf um bei ihrem nächsten Urlaubsbesuch auf den Inseln diese Subventionen in Anspruch nehmen zu können.

Auch gibt es einige wenige Deutsche und Schweizer die auf El Hierro ständig leben. Sie sind über die ganze Insel verteilt und leben nicht in Kolonien wie man das aus Teneriffa oder Festland Spanien kennt. Die meisten sind Rentner oder haben ihrem Reichtum mit hierher hergebracht. Einige leben auch von der Hand in den Mund. Gute Möglichkeiten hier Fuß zu fassen haben Handwerker, also Schreiner, Schlosser oder Installateuren. Also Berufe die irgendwie mit dem Bau oder Hausausbau zu tun haben. Handwerk hat eben auch hier einen goldenen Boden.

Die Arbeitslosigkeit ist sehr hoch und liegt bei 28 % (Stand Juli 2010). Auch auf El Hierro hat man in den vergangenen 10 Jahren vom Bauboom profitiert, der vor drei Jahren – für manche urplötzlich – in sich zusammengebrochen ist. Aber dieses Problem mit der geplatzten Baublase haben wir ja in ganz Spanien.

Als Vergleich sind zurzeit in Gesamtspanien 20 % und auf den Kanaren im Schnitt 30 % Arbeitslose registriert.

Zusätzlich ist in den letzten Jahren auch ein stetiger Rückgang der Touristen zu beobachten. Auch in Nordeuropa wird nunmehr in den Geldbeutel geschaut und günstigere Urlaubsziele ausgesucht oder der Urlaub ganz gestrichen.

Abraten möchte ich auch zu glauben in einem kaufmännischen Beruf oder als Pädagoge hier irgend eine Arbeitsstelle zu finden. Wichtig für alle die sich mit dem Gedanken einer Auswanderung beschäftigen, erst einmal die Sprache – zumindest Grundkenntnisse – zu erlernen. Ohne Sprachkenntnisse ist man auf El Hierro ziemlich verloren.
Die Schulkinder lernen hier als Pflichtfach Englisch, allerdings in der kanarischen Version. So mancher Engländer hat Probleme das kanarische Englisch zu verstehen. Die ältere Generation spricht nur spanisch und das mit kanarischem Dialekt. Die deutsche Sprache hört man auf El Hierro, außer bei den wenigen Deutschstämmigen, nicht.

Vor Jahren unterhielten die großen Reiseveranstalter TUI und Thomas Cook auf der Insel eigene Servicestellen mit deutschsprachigen Personal. Diese Büros wurden jedoch in der Zwischenzeit gänzlich geschlossen, da die Gäste ausblieben und wahrscheinlich hier nichts zu verdienen war.

Auch wurde von Seiten der Inselregierung in der Vergangenheit keine all zu großen Anstrengungen unternommen, entsprechende Werbung für den Fremdenverkehr zu machen. Eine Insel die man nicht kennt wird auch nicht bereist.
Erst 1984 wurde beschlossen ein Tourismusbüro das so genannte „Patronato de Turismo" ins Leben zu rufen. Zu diesem Zeitpunkt war auf den anderen kanarischen Inseln der Fremdenverkehr schon voll im Gange. Hier wollte man sich anhängen und vom Touristenboom mit profitieren. Allerdings war dieses Ansinnen zwiespältig – zum einen wollte man eine zusätzliche Einnahmequelle schaffen, zum anderen die Insel aber im alten Zustand erhalten.

Um dies erfolgreich und rentabel durchzusetzen, war eine umfangreiche

Neugestaltung der Infrastruktur notwendig beziehungsweise nötig.
Mithilfe der bereitgestellten EU Gelder aus Brüssel war man nun finanziell in der Lage diese Projekte in die Tat umzusetzen. Ein umfangreiches Straßenbauprogramm mit neuen Brücken, Tunnels und allem was dazu gehört wurde umgesetzt. Es wurde im Norden eine neue Ost – West Verbindung mit einem 2,5 km langen Tunnel erbaut, der nun den Weg von Valverde beziehungsweise von dem Flugplatz Richtung El Golfo Tal erheblich verkürzt.

Heute kann man sagen das sich alle Haupt- und fast alle Nebenstraßen in einem sehr guten Zustand befinden. Auch hat man an den schönsten Inselpunkten sogenannte Miradore (Aussichtspunkte) sehr aufwendig erbaut. Alles wurde mit dem inseltypischen Lavastein mit viel Liebe errichtet. Wie auch auf den anderen kanarischen Inseln wurde teilweise des Guten zu viel getan, aber die bereitstehenden EU Gelder mussten ja schließlich irgendwie verbraten werden.
Als deutscher Steuerzahler kommt man beim Anblick so mancher hiesigen Projekte doch ins Grübeln und denkt über den Sinn oder den Unsinn so mancher Subventionen nach.
Einige der in den Siebzigerjahren in die EU aufgenommenen Länder haben kräftig aus den EU Kassen gescheffelt und wohl über ihre Verhältnisse gelebt. Investitionen müssen nicht nur gebaut sondern auch unterhalten werden – und das kostet Geld.
Das kommt heute bei Griechenland und auch bei Spanien ans Tageslicht. Ob es allerdings die alleinige Schuld dieser Staaten war oder die mangelhafte Kontrolle der Kassenverwalter in Brüssel, darüber kann sich jeder selbst seine Gedanken machen.
Vielleicht – das wäre zu wünschen – lernt man daraus. Es ist nur zu menschlich das zunehmen was man bekommen kann.

Es versteht sich dann auch von selbst, dass El Hierro einen viel zu großen Schiffshafen, modern und viel zu groß, und einen Flugplatz mit gerade vier oder fünf Flugbewegungen am Tage besitzt.

Der ursprüngliche Flugplatz wurde in den siebziger Jahren errichtet und bis in die letzten Jahre modernisiert und ausgebaut. Allerdings hat man es nie geschafft, die Start und Landebahn so zu verlängern, dass auch Düsenflugzeuge darauf landen können. Hier wird heute nur der insulare Flugverkehr mit kleinen Propellermaschinen abgewickelt.
Früher war El Hierro nur mit dem Schiff zu erreichen. Es stellt sich natürlich die Frage, was sich die Inselregierung bei der Planung ihres zukünftigen Tourismus gedacht hat, wie der zukünftige Gast überhaupt auf die Insel gelangen soll. Es dürfte inzwischen auch bis in die Köpfe der Regierenden vorgedrungen sein, dass der moderne Tourist die einfachste und schnellste Beförderungsart auswählt. Über Umwege und zeitraubende Anreise will heute kein Pauschaltourist reisen. Übrig bleiben Individualtouristen und Kenner der Insel.

Des einen Leid, des anderen Freud – so könnte man die heutige Situation auf

El Hierro beschreiben.

Eine unverdorbene und kaum veränderte ursprüngliche Insel. Die Menschen sind so geblieben mit Herz und Verstand, vom großen Reichtum verschont und von der Geldgier noch nicht verblendet.
Die Natur in seiner Ursprünglichkeit, - abgesehen von den erwähnten Bauprojekten -, so wie man es vielleicht auch vor 100 Jahren angetroffen hat.
Keine Hektik, kein Stress – alles läuft wie immer in seinen Bahnen, ruhig, man ist einfach zufrieden.
Diese Zufriedenheit und Ruhe wird hier auch mit dem Wort „tranquilo" umschrieben. Alles nimmt seinen Lauf, sicher nicht mit der deutschen Gründlichkeit, aber am Ende hat man auch hier ein zufrieden stellendes Ergebnis. Mit geringstem Aufwand den größtmöglichen Erfolg erzielen – so könnte man das hier bezeichnen.
Als Deutscher denkt man meist in geordneten und schematischen Bahnen. Diese Einstellung sollte man auf El Hierro schnell über Bord werfen oder wenn nicht möglich einfach unterdrücken.
Ich habe schon so manchem Nordeuropäer hier erlebt der daran fast verzweifelt ist. Lassen Sie sich einfach von den Dingen treiben und Abstand gewinnen von der deutschen Denkweise. Sie wollen El Hierro kennen lernen und genießen. Das geht nur, wenn sie sich in die Denkweise der Herrenos – so werden die Inselbewohner genannt – hinein versetzen.

Es ist natürlich jetzt ihr großer Vorteil keine überlaufene Insel vorzufinden. Denken Sie zurück an einen ihrer früheren Urlaube an der Costa Brava oder Adria, morgens die Schlacht um die Liegen, am Strand zusammen gereiht wie die Heringe und am Abend das Anstehen am Buffet. Pauschaltourist – Massentourismus pur. Alles ist gerichtet und es gilt nur zuzugreifen

Das alles finden Sie nicht auf El Hierro. Diese Insel muss man erarbeiten und erobern. Genauso wie eine Frau oder falls sie weiblichen Geschlechtes sind wie man einen Mann angelt. Auch hier bekommt man nichts geschenkt....

    oder doch – ich denke nach

Ja, sie bekommen viel viel mehr als sie es vielleicht glauben möchte. Sie haben es vielleicht in dieser Form bisher nicht erlebt. Bei ihren bisherigen Urlaubsaufenthalten wurden sie wahrscheinlich von korrekten und abgebrühten Rezeptionisten und Kellnern bedient. Alles lief mehr oder weniger nach Schema F ... ab und sie waren am Ende auch mit der Leistung zufrieden. Dafür haben sie bezahlt und ihre Gegenleistung erhalten.

Über die Herzwärme der Menschen

Auf El Hierro bekommen sie noch Herz und Wärme geliefert. Je herzlicher sie

mit einem Herreno oder einer Herrena umgehen, desto mehr Wärme und Herzblut wird ihnen zurückgegeben.
Ich kenne das von meinen vielen Jahren auf La Palma, wenn ein Palmero sie einmal ins Herz geschlossen hat, finden Sie sehr schnell Aufnahme in seiner gesamten Familie. Sie glauben gar nicht wie schnell die Nachbarschaft über sie informiert ist. Es geht wie ein Lauffeuer seine Runde. Alles wird erzählt und weiter berichtet.
Zugewanderte Ausländer finden auch heute noch reges Interesse und die Aufmerksamkeit der Einheimischen. Jeder Schritt wird beobachtet und genau registriert. Unbeobachtete Momente gibt es fast nicht.
Das einzige was sie machen müssen – gehen sie auf die Insulaner zu.

Dieser Schritt fällt vielleicht am Anfang noch etwas schwer, aber dazu müssen sich überwinden. Ein freundliches Gesicht, ein Lächeln, ein fröhliches „Buenos Dias" (Guten Tag) oder nur ein „Hola" (Hallo) und es öffnen sich Welten.

Probieren Sie es aus.

Lassen Sie sich Zeit und wenden sie sich nicht gleich wieder von ihrem Gegenüber ab. Lachen sie ihm oder ihr fröhlich ins Gesicht. Das ganze soll nicht nur als Floskel oder Pflichtübung verstanden werden. Versuchen Sie soviel Wärme wie möglich mit ihrem Blick zu reflektieren. Die Reaktion wird nicht lange auf sich warten lassen.
Sie müssen der spanischen Sprache gar nicht mächtig sein, mit Gesten oder einem Fingerzeig kann man viele Gegenstände und Dinge umschreiben. Geben Sie sich einfach Mühe. Ihr Gegenüber wird ihnen auf ähnliche Weise seine Antwort übermitteln. Gute Themen sind das heutige Wetter, sein schöner Garten oder eine Blume am Wegesrand. Es gibt so viele Möglichkeiten. Sie müssen nur wollen und ihr Interesse zeigen.

Gemäß dem alten Sprichwort „Ein Lächeln öffnet alle Türen „

Meine Frau hat dies zur Perfektion gebracht. Nicht gekünstelt, sondern sie ist von Natur aus ein herzensguter Mensch. Dies wird von den Mitmenschen sofort erkannt und innerhalb kürzester Zeit entsteht eine enge Bande. Dies führt dazu, dass man in kürzester Zeit der gesamten Verwandtschaft vorgestellt wird. Ein Insulaner opfert sein letztes Hemd um einem liebgewonnenen Menschen zu helfen. Im Notzeiten steht ihnen die komplette Familie einschließlich Verwandtschaft selbstlos zur Verfügung.

Als bei uns vor wenigen Monaten die Ausrichtung der Kommunion für unsere Tochter Maike anstand und meine Frau nur kurz äußerte „wir haben hier keine Verwandtschaft die bei den Festvorbereitungen mithelfen könnte „ löste sie eine Lawine aus über die selbst ich in Erstaunen geriet."Keine Familie hier – wir sind deine Familie".
Innerhalb kürzester Zeit wurde eine Sau und eine Ziege beschafft, geschlachtet, eine Halle für die Festlichkeiten organisiert, Einladungskarten

gedruckt, Maike zum Fotografen geschleppt usw.

Alles wurde organisiert und hergerichtet, so das ich schon langsam Angst bekam arbeitslos zu bleiben.Schließlich war es ja unsere Kommunion-Feier. Aber etwas mitarbeiten durfte ich dann doch noch.

Dieses Beispiel zeigt wie selbstlos die Inselbewohner immer zur Seite stehen wo Not am Mann ist.
Dankbar sollte man sich dann allerdings auch zeigen durch ein kleines Geschenk. Denn Geschenke erhalten bekanntlich die Freundschaft. Es müssen keine großartigen Geschenke sein. Kleinigkeiten erfüllen den gleichen Zweck, es geht nur noch um den guten Willen.

Die Herrenos sind vom gleichen Menschenschlag wie die mir näher bekannten Palmeros. Sie sind genauso herzlich und unverdorben und mächtig stolz auf ihre Insel.

Stress auf den Straßen unbekannt

Der Straßenverkehr auf El Hierro ist mehr als bescheiden. Oft sieht man kilometerweit keinen Gegenverkehr. Man fährt einsam und allein vor sich hin und erschreckt förmlich, wenn doch ein Fahrzeug im Gegenverkehr auftaucht. Mit einem Handzeichen begrüßt man sich – einige hupen – einfach eine freundliche Geste.
Gerade auf der Hochebenen sind oft landwirtschaftliche Fahrzeuge, die im Schleichgang voran kriechen, unterwegs. Auch Ziegen und Schafherden kreuzen die Straßen. Eine gewisse Vorsicht und Aufmerksamkeit ist auf alle Fälle angebracht.
Auch wurde auf manchen Streckenabschnitten mit Verkehrsschildern wahrlich nicht gespart. Eine Geschwindigkeitsbeschränkung, ein Überholverbot, ein Ende des Überholverbotes, das Schild für kreuzende Kühe, Vorsicht Schleudergefahr und dann noch die blauen Hinweisschilder für die Richtgeschwindigkeit, um nur einige zu nennen. Auf anderen Straßen sind Hinweisschilder ein Fremdwort. Insgesamt muss man allerdings sagen, dass die Insel sehr gut mit Hinweisschildern zu interessanten Orten, Sehenswürdigkeiten etc. ausgestattet ist. Oft wird ihnen auf den Straßenschildern die Kombination HI 1 auffallen. HI steht für El Hierro. Teneriffa ist zum Beispiel mit TF und La Palma mit LP gekennzeichnet.

Auch die fehlenden Sandstrände sind ein weiterer Punkt warum die Insel El Hierro als nicht so attraktiv empfunden wird. Wir haben hier nur eine begrenzte Anzahl von Bademöglichkeiten, meist Meeresschwimmbäder und kleine Buchten. Nur ganz im Südwesten gibt es im Bereich der La Dehesa einen grobsandigen Badestrand. Allerdings ist dieser Bereich nur nach längerer Autofahrt oder einer anstrengenden Wanderung zu erreichen. Viele Urlauber stellen sich als Urlaub auch heute noch Sonne, Strand und Meer vor. Die Sonne und das Meer haben wir, Bilderbuchstrände jedoch kaum.Diese Gäste sind auch besser auf Fuerteventura oder Gran Canaria oder Mallorca aufgehoben.

Als ich das erste Mal die Insel El Hierro betrat fand ich alles vor, was ich mir so vorgestellt hatte. Etwas La Palma, etwas La Gomera, ein wenig Lanzarote, saftige Wiesen wie im Allgäu und einen Hauch Irland. Alles umrahmt vom blauen Atlantik und das auf engstem Raume. Eine Insel der landschaftlichen Vielseitigkeit. Hinter jeder Ecke öffnet sich eine neue Perspektive. Wer nur ein wenig Auge für Natur und Landschaft hat, wird hier vieles zu entdecken haben.

Bei meiner Frau lösen diese neuen Eindrücke immer Orgasmus ähnliche Schreie aus. Am Anfang ließ mich das immer zusammenzucken, inzwischen habe ich mich allerdings daran gewöhnt.

Die bewegte Vergangenheit

Auch die Geschichte dieser vergessenen Insel ist interessant. El Hierro wurde 1405 von den Spaniern erobert. Die hier lebenden Guanchen (Urbevölkerung) – hier werden sie Bimbaches genannt -, konnten sich lange Zeit erfolgreich gegen eine Eroberung wehren. Bis dann der damals herrschende Bimbaches König Armiche und seine Begleiter von den Spanier gefangen genommen und auf den internationalen Sklavenmärkten verkauft wurde. Auf der Insel blieben nur einige Kinder und Frauen zurück. Vom spanischen Festland wurden Bauern und Abenteurer angesiedelt.
Kolumbus hat auf seiner zweiten Fahrt in die Neue Welt Ende September 1493 vor den Küsten El Hierro geankert. Ganze 19 Tage lag er mit seiner Flotte von sieben Schiffen in der Bucht „Bahia de Naos" im Süden der Insel. Er wartete auf die richtigen Winde um dann am 20. Tag weiter gen Westen in See zu stechen.

In der Folgezeit lebten die Insulaner ungestört von den Geschehnissen der restlichen Welt friedlich weiter. Die regierende Herrschaft beließ die Herrenos in Unwissenheit. So ging die französische Revolution, die napoleonischen Kriege und die Besetzung des spanischen Festlandes durch die Franzosen, spurlos und fast unbeobachtet an den Insulanern vorbei.

El Hierro wurde sogar für fast 100 Jahre zur „Insel der Verbannten". Missliebige Personen aus Festlandspanien wurden von Madrid nach El Hierro verbannt. Es waren in Ungnade gefallene Militärs und Politiker, Schriftsteller und Ärzte, die man in die Wüste schickte. Bekannt ist heute noch der verbannte Arzt Dr. Leandro Perez, der durch sein Wissen und seine menschliche Hilfsbereitschaft im Kampf gegen Seuchen und Epidemien bei den Herrenos in Erinnerung geblieben ist. In der Zeit von General Franco war einer der letzten Deportierten Inigo Cavera, der nach Francos Tod, Minister in der neuen spanischen Demokratie wurde.

Durch Missernten und die damit verbundenen Hungerkatastrophen, Heuschreckenplagen, Viehsterben und große Waldbrände veranlasste immer

wieder die Herrenos zu Tausenden auszuwandern. Bevorzugte Ziele waren Kuba, Venezuela und Argentinien. Auch bei den Befreiungskriegen auf Kuba waren Herrenos beteiligt.
Aus der Zeit des Ersten Weltkrieges ist nur bekannt dass der damalige Bürgermeister von Valverde Juan Ayalan von einem deutschen Unterseeboot für sieben Tage von seiner Insel entführt wurde. Die genauen Hintergründe kennt niemand.
Während des spanischen Bürgerkrieges im Jahre 1936 kämpften mehrere 100 Inselbewohner auf republikanischer Seite.
Die Franco Epoche ist auf der Insel in guter Erinnerung geblieben, da sie einige Errungenschaften, wie neue Straßen, brachte. Die Franco Straßenschilder sind wohl verschwunden, aber die positive Erinnerung bleibt erhalten.

Die Herrenos haben sich nie groß für Politik interessiert, liegt doch das spanische Festland 1600 km entfernt. Ihre eigenen Probleme waren ihnen wichtiger, so dass auch heute eine reine El Hierro Partei, die „Agrupacion Herrena Independiente" (AHI), die Inselregierung stellt. Diese Inselregierung - das Cabildo Insular - versteht es sehr gut Gelder in Madrid lockerzumachen und auf die Insel zu leiten.

Kriminalität gibt es auf allen drei Westinseln der Kanaren nur sehr wenig. Auf El Hierro besitzt man nicht einmal ein Gefängnis. Lediglich in Valverde ist im Rathaus eine Ausnüchterungszelle eingerichtet worden. Trotzdem sollte man als Gast keine Wertsachen im Mietauto offen liegen lassen. Gelegenheit macht Diebe.
Sorgen macht in den letzten Jahren das Drogenproblem. Die Schifffahrt und die Seeverbindungen Richtung Südamerika dient den Rauschgift - Syndikaten aus Kolumbien als Transportweg Richtung Nordeuropa. Die enge Verbindung vieler Herrenos nach Südamerika und die Insellage hat schon so manchen Herreno zum Mitwisser und Handlanger gemacht. Man hört immer wieder von aufgebrachten Schiffen und Yachten auf dem Meer um die Kanaren, die mit Drogen voll gestopft sind. Es geht hier nicht um aufgefundene kleine Mengen sondern um Zentner und Tonnen von Kokain. Die Kanaren gelten heute als Drehkreuz für den Drogenhandel.
Als Gast bekommt man allerdings davon nichts mit.

Wie komme ich nach El Hierro?

Mit dem Flugzeug oder einem Boot – das wäre einfach und ist auch möglich. Allerdings nicht von Deutschland oder einem Nachbarland aus. Der direkte Weg nach El Hierro muss über eine andere Insel erfolgen.

Hier bieten sich die Insel **Teneriffa** oder **Gran Canaria** an.
Von Deutschland aus werden oft günstige Flüge auf eine der beiden Inseln angeboten. Gran Canaria liegt etwas weiter als Teneriffa von El Hierro entfernt, hat aber mit nur einem Flugplatz in Las Palmas de Gran Canaria den Vorteil, zum Weiterflug nicht den Flugplatz wechseln zu müssen.
Teneriffa besitzt zwei Flugplätze den Flugplatz im Süden Reina Sofia und den alten Nordflugplatz Los Rodeos. Die meisten Flüge aus Deutschland kommen auf dem Südflugplatz an. Der Weiterflug nach El Hierro erfolgt aber vom Nordflugplatz. Hier müssten sie mit dem Bus oder Taxi den Flugplatz wechseln. Die Transferfahrt dauert circa 1,5 Stunden.

Je nach Ankunftszeit auf Gran Canaria oder Teneriffa müssen sie gegebenenfalls eine Übernachtung einplanen. Es wäre auch zu überlegen ob man nicht einige Tage auf einer der Hauptinseln bleibt und dann erst weiter nach El Hierro startet.

Die Insel El Hierro wird nur von der Iberia-Tochter **Binter** 3-4 mal am Tag angeflogen. Der Flug selbst dauert nur ca. 30 – 40 min.
Von der Fluggesellschaft Binter wird ein Inselhüpfer, eine zweimotorige ATR 28 mit 50 Sitzplätzen, eingesetzt.

Die genauen Flugzeiten von Binter Canarias entnehmen Sie bitte der deutschsprachigen Homepage:

http://www.bintercanarias.com/

Von der Internetseite können sie den Flug auch direkt buchen.

Gelegentlich bieten auch kleinere Reiseveranstalter Pauschalreisen nach El

Hierro an. Es sind meist Wanderreisen, vielleicht mit der richtigen Unterkunft ohne Verpflegung. Dann wäre auch so ein Angebot überlegenswert.

Der kleine Flugplatz von El Hierro „ Aeropuerto De los Congrejos" - Flughafen der Krebse -, wurde 1972 mit den Worten „Tag der Öffnung einer vergessenen Erde zur modernen Welt" eingeweiht. Er verfügt nur über wenige Schalter, eine Bar mit Erfrischungsgetränken oder Café und kleinen Tapas. Hier können Sie sich auch an der Touristikinformation mit Infomaterial eindecken. Die ausgehändigte Landkarte ist allerdings nur für den groben Überblick brauchbar. Im daneben liegenden Zeitschriftenladen gibt es die üblichen Souvenirs und Literatur zur Insel, allerdings meist in spanisch.

Fähren

Wer den Seeweg vorzieht, hat auch die Möglichkeit mit der Fähre El Hierro zu erreichen. Die Überfahrt von Teneriffa dauert je nach Schiffstyp zwischen 2,5 - 4 Stunden.
.
Die Gesellschaft **Naviera ARMAS** bietet täglich außer Samstag von Los Cristianos im Süden von Teneriffa Verbindungen nach El Hierro an.
Auch gibt es die Möglichkeit einmal die Woche von der Insel La Palma nach El Hierro zu kommen.
Näheres entnehmen Sie bitte der Homepage: http://www.navieraarmas.com/

ARMAS

HORARIOS · TIMETABLE · FAHRPLAN

TRAYECTOS/ROUTES	LUNES/MONDAY	MARTES/TUESDAY	MIERCOLES/WEDNESDAY	JUEVES/THURSDAY	VIERNES/FRIDAY	SABADO/SATURDAY	DOMINGO/SUNDAY
S/C PALMA > S/C TENERIFE			07:00h		07:00h		
S/C TENERIFE > S/C PALMA		18:30h		18:30h			
S/C PALMA > LAS PALMAS GC			07:00h (1)		07:00h (1)		
LAS PALMAS GC > S/C PALMA		15:00h (1)		15:00h (1)			
S/C PALMA > VALVERDE							14:30h
VALVERDE > S/C PALMA						07:00h	17:00h
S/C PALMA > S.S DE LA GOMERA		04:00h	04:00h	04:00h	04:00h		11:30h (4)
S.S DE LA GOMERA > S/C PALMA	19:45h	19:45h	19:45h	19:45h	19:30h		17:00h (3)
S/C PALMA > LOS CRISTIANOS		04:00h (3)	04:00h (3)	04:00h (3)	04:00h (3) /22:30h		13:30h
LOS CRISTIANOS > S/C PALMA	18:30h (3)	18:30h (3)	18:30h (3)	18:30h (3)	18:15h (3)		
LOS CRISTIANOS > VALVERDE	19:45h		19:45h		19:45h		
VALVERDE > LOS CRISTIANOS		06:00h		06:00h			19:30h
S/C TENERIFE > LAS PALMAS G.C	08:00-15:00-19:30-23:00	08:00-15:00-19:30	08:00-15:00-19:30	08:00-15:00-19:30	08:00-16:00-20:00	19:30	08:00-15:30-19:30
LAS PALMAS G.C > S/C TENERIFE		08:00-15:00-19:30	08:00-15:00-19:30	08:00-15:00-19:30	08:00-15:00-19:30	08:00-16:00	08:00h-22:00h	08:00-15:00-19:30

(1) vía Tenerife con trasbordo
(2) vía Las Palmas con trasbordo
(3) vía Gomera sin trasbordo
(4) vía Cristianos sin trasbordo

CONSULTAR OTROS TRAYECTOS 922-41-16-40/922-41-14-45
www.navieraarmas.com
call centre 902-456-500

Fred Olsen

Naviera ARMAS

.... oder die Schifffahrtsgesellschaft **Fred Olsen** mit ihren Schnellfähren

HORARIOS · TIMETABLE · FAHRPLAN

	MARTES TUESDAYS DIENSTAGS	JUEVES THURSDAYS DONNERSTAGS	VIERNES FRIDAYS FREITAGS	DOMINGOS SUNDAYS SONNTAGS
La Estaca (El Hierro)	16:30	16:30	19:30	17:30
Los Cristianos (Tenerife) Vía La Gomera	13:00	13:00	16:30	13:30

FESTIVOS: Consulte horarios / PUBLIC HOLIDAYS: Please ask for timetable / FEIERTAGE: Bitte nach Fahrplan fragen

Alle Einzelheiten auf der Homepage: http://www.fredolsen.es

Der Hafen und das Hafengebäude von **La Estaca** wurde 2009 erst entgültig fertig gestellt. Alles scheint etwas zu groß geraten zu sein. Im Hafenbecken liegen nur wenige Freizeit- und Fischerboote. Außer den beiden Fähren legen hier keine weiteren Schiffe an.
Stolz wird berichtet, dass sich auch einmal ein Kreuzfahrtschiff hierher verirrt hat. Das war am 17.3.2007 das Traumschiff die MS Deutschland.

Von der Kapazität und der Länge der Mole ist es durchaus möglich, dass größere Kreuzfahrtschiffe hier fest machen können.

Wo Sie ihre Unterkunft suchen sollten!

Auf El Hierro gibt es gemessen an den anderen kanarischen Inseln, nur wenige Unterkunftsmöglichkeiten.
Hotels oder Pensionen sind kaum vorhanden. Wenn es ein Hotel sein muss gibt es eigentlich nur das Parador National. Ein staatlich geführtes Hotel – 3 Sterne – dass alle Wünsche erfüllt. Es liegt recht einsam auf der Ostseite an einem kiessandigen Strand, den Las Playas.
Der Bau der einzigen Zufahrtsstraße durch felsiges Gelände verzögerte sich um 5 Jahre, so dass das Parador erst 1981 offiziell eröffnet werden konnte.

Die Zufahrt erfolgt über ein extra erbautes einspuriges Tunnel mit Ampelverkehr, vorbei an einem gigantischem Felstor – dem Roque de la Bonanza. Hotelbewertungen zum Parador finden Sie unter:

http://www.holidaycheck.de/hotel-Reiseinformationen_Hotel+Parador+el+Hierro-hid_43095.html

Die offizielle Homepage:

http://www.paradores.es/de/tratarFichaParadorCabecera.do;jsessionid=A319A050111060B2878673357161D351?parador=097

Hier, wie bei allen anderen Unterkunftsmöglichkeiten empfehle ich dringend ein Mietfahrzeug zu nehmen. Es gibt auf El Hierro wohl einen öffentlichen Busverkehr, der jedoch meist nur am frühen Morgen und am späten Abend verkehrt. Viele interessante Orte sind mit dem öffentlichen Bus nicht erreichbar.
Die Mietwagenpreise liegen um die 25 € /Tag und somit erschwinglich. Die Benzinpreise sind deutlich günstiger als in Deutschland. Zurzeit kostet 1 l Normalbenzin um die 0,90 €.
Es gibt nur drei Tankstellen auf der Insel – in Valverde, La Frontera und El Pinar.
Planen Sie rechtzeitig ihren Tankstopp ein.

Bei der Auswahl der Unterkunft würde ich zu einem kleinen Haus oder einer Ferienwohnung raten.

Aufgrund der klimatischen Besonderheiten in El Hierro empfiehlt es sich nicht auf der Anhöhe oder in den Bergen zu wohnen. Über 400 m/Meer Höhe sind sie den Wettertücken ausgesetzt. Auf der Hochebene in San Andres (1100m), Isora (931m) oder El Pinar/ Taibique (831m) mag es vielleicht in den Sommermonaten Juli, August und September auch angenehm sein, aber das Risiko den größten Teil ihres Urlaubs unter Wolken verbringen zu müssen würde ich nicht eingehen.

In der Regel sind es die Passatwolken die im Laufe des Nachmittags aufziehen und ein feuchtes Klima schaffen. Auch die Höhenlage sorgt für frische Temperaturen. Je 100 Höhenmeter müssen sie mit 1° Temperaturabnahme rechnen. Ohne dicken Pullover oder Jacke werden sie in der Nacht frieren.

Es gibt mehrere Anbieter von Ferienhäuser und Ferienwohnungen. Meist finden sie bei den Angeboten die ungefähre Höhenlage der Unterkunft. Sonst bitte unbedingt nachfragen.
Damit grenzt sich das Hausangebot automatisch ein.
Gute Erfahrungen habe ich gesammelt im Nordwesten im El Golfotal, im Nordosten in Tamaduste und im Süden in La Restinga.

El Golfo – ein Traum

Das Golfotal mit seinem ausgeglichenen Klima ist für mich der schönste und

interessanteste Fleck El Hierros. Umgeben von 1000 m hohen Bergen lebt die
Bevölkerung geschützt im Kraterkessel. Die Vegetation mit ihren unzählig
blühenden Pflanzen ist zu jeder Jahreszeit ein Augenschmaus. Verlässt man
das vor einigen Jahren neuerbaute Tunnel zwischen Valverde und El Golfo im
Norden, öffnet sich plötzlich eine andere Welt. Eine langgezogene Tiefebene,
umrahmt vom steil abfallenden Bergmassiv und dem azul leuchtenden Meer
bietet sich dar.

Wer das zum ersten Male sieht ist sprachlos, höchstens noch ein aaaah.... oder
ooooh... ist zu entlocken. Auch das Auge hat Probleme bei soviel Schönheit
einen Fixpunkt zu finden. In der Ferne sind größere Plastikzelte auszumachen
unter denen Bananen angebaut werden.

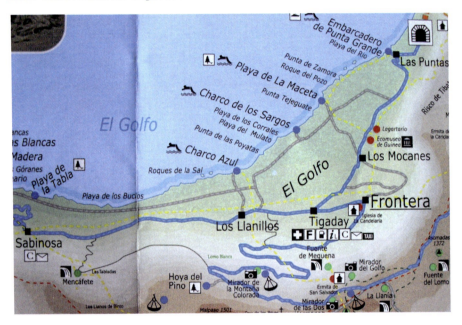

Das Golfotal wurde erst um 1960 für die Landwirtschaft kultiviert. Angebaut
werden neben Bananen noch die kleinen aber schmackhaften Ananas, Wein,
Mandeln, Aprikosen und andere Obstsorten.

Zum Wohnen eignen sich alle Orte des Golfotales, von Las Puntas über Los
Mocanes, Frontera, Tigaday, Los Llanillos bis zum malerischen und am
höchsten liegenden Sabinosa (336m) im Südwesten.

Zentrum ist La Frontera mit seinen Teilgemeinden Frontera und Tigaday. Hier
spielt sich das Leben oder besser ausgedrückt – das bescheidene Leben –, mit
Veranstaltungen und Einkaufsmöglichkeiten des Golfotales ab.

Nur einige Kilometer entfernt finden sich mehrere Meeresschwimmbäder wie
Charco Azul, Los Sargos, La Maceta oder das Erlebnisbad Cascadas del Mar.

Kinderparadies Tamaduste

Tamaduste im Nordosten der Insel, am Rio del Tamaduste gelegen, ist der bevorzugte Ferienort der Hauptstädter aus Valverde.

Vermögende Bürger besitzen hier ihr Wochenend- und Ferienhaus.
Die Bucht gilt als sonnensicher, mit angenehmen Temperaturen zwischen 18° - 28°. Durch die enge Buchtöffnung werden auch hohe Wellen abgemildert, so daß jederzeit Baden möglich ist.

Besonders geeignet ist Tamaduste für Familien mit Kinder. Ich spreche hier aus eigener Erfahrung. Morgens nach dem Frühstück gings ab zum Meer und erst wenn der Hunger sie trieb erschienen sie wieder im Haus. Wenn man dazu noch in vorderster Lage am Wasser wohnt, ergibt sich ein herrlicher Blick über die gesamte Bucht und hat den Badeplatz der Kinder stets im Auge.

Tamaduste liegt nur unweit des Hafens „Puerto de la Estaca" und des Flughafens „Los Cangrejos" entfernt. Die Start- und Landebahn des Flugplatzes endet kurz vor vor der Bucht. Aufgrund des geringen Flugverkehrs – und nur Propellermaschinen – gibt es kaum Geräuschbelästigung. Am Ort ist ein kleiner Supermarkt und zwei Bars bzw. Restaurants. Für größere Einkäufe fährt man nach Valverde.

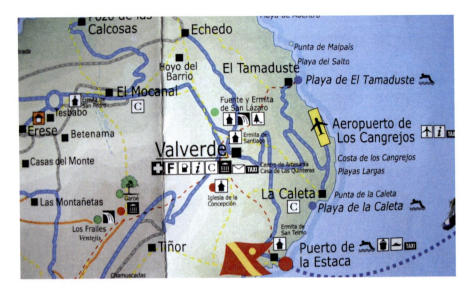

Die Bucht wurde 2008 für 618 000.- € neu gestaltet. Auf Stegen und Holzbrücken ist die Bucht angenehm zu Fuß zu umwandern.
Am südlichen Ende befindet sich die Höhle „Cueva de los Barcos" Hier sind kleine Fischerboote untergestellt.

5 Einstiegstreppen ermöglichen das gefahrlose Baden im Meer. Das Wasser ist sauber und hat reichen Fischbestand. Angeln ist möglich.
Kleine Liegeflächen sind liebevoll in die Promenade eingebaut.

Die Wassertiefe beträgt je nach Gezeitenstand max. 3–4 m. Bei Ebbe ist Baden nur im Mittelbereich möglich. Bei Flut und Ebbe schwankt der Wasserstand bis zu 1,80 m.
Wer das Rauschen des Meeres liebt, ist hier bestens aufgehoben.

Auch am Abend lädt die Promenade zum bummeln ein. Eine Illumination mit gelben Lampen geben der Bucht etwas märchenhaftes. Auf dem nahen Dorfplatz gibt es ab und zu Fiestas.

Die Tauchoase Restinga

Der südlichste Ort El Hierros inmitten einer Lavawüste ist auch der wärmste Ort der Insel.
Restinga ist als Tauchrevier bekannt. Das Meer ist Fisch- und Artenreich und gilt als eines der besten Tauchgebiete weltweit. Wenn Sie Taucher sind oder vorhaben zu tauchen, gibt es nur diese Adresse.

Restinga wurde erst 1960 von Fischern aus La Gomera gegründet und besitzt keinen klassischen Stadtkern. Meist Hochhäuser und Appartementanlagen, Bars und Restaurants gruppieren sich um den neugebauten Hafen. Das Ort selbst scheint am Reißbrett entstanden zu sein und strahlt wenig Flair aus.

Die 1982 angelegte 250 m lange Hafenmole ermöglicht den Fischern gefahrlos ihren Fang an Land zu bringen. Im naheliegenden Kühlhaus mit Versteigerungshalle werden die frischen Meeresfrüchte meist an Restaurants und Fischhändler verkauft. Zur Zeit sind im Hafenbecken Bauarbeiten im Gange.

Jährlich findet im Frühjahr, das „Open Fotosub" ein Festival der
Unterwasserfotografie statt.
Mehrere Tauchschulen, meist deutsche, bieten Kurse und Tauchgänge an.

Ein kleiner Sandstrand ermöglicht im sauberen Hafenbecken in ruhigem
Wasser zu baden. Dieser Strand ist auch für Kinder geeignet. Am Ufer befindet
sich ein Picknickplatz mit Holztischen und Bänken.
Im linken Hafenbereich verdeckt, gegenüber der an Land geparkten Boote,
befindet sich eine Wasserhöhle. Oft sind verschiedene Fischarten ganz aus der
Nähe zu beobachten.

Auf dem Trockendock gibt es noch etwas ganz Kurioses zu bestaunen. Ein
Unterseeboot oder zumindest ein halbes Uboot.

Eine Zeitung beschrieb es kürzlich als: **„Der 500 000.- Euro-Kadaver"** oder wie man wieder einmal Subventionen versenkt.

Vor 4 Jahren wurde dieses Uboot nach Plänen der Inselregierung in Sardinien gebaut um Touristen im Bauch des Schiffes die fantastische Unterwasserwelt El Hierros zu zeigen. Im Grunde eine gute Idee wären da nicht noch die Kleinigkeiten.

Es soll keinen Kapitän geben, der legal das Uboot fahren kann. Auch fände sich keine Versicherung die für evtl. Schäden aufkommen will und der Propulsionsantrieb sei für diese Zwecke in einem Unterwasser Naturschutzgebiet völlig ungeeignet.

Fazit: Erst den Kopf einschalten, dann investieren. Bis heute de facto wurde noch kein Tourist spazieren gefahren.

Atemberaubende Ausblicke - wo finde ich die schönsten Miradore?

Miradore sind Aussichtspunkte, die an den schönsten Plätzen und Eckchen der Insel eingerichtet wurden.
Miradore finden wir auf allen kanarischen Inseln. Hier auf El Hierro sind jedoch die Ausblicke besonders atemberaubend. Die meisten Miradore sind sehr aufwendig ausgestattet und für unsere Begriffe riesig. Es entsteht der Eindruck, dass die Größe und das Platzangebot für mehrere voll besetzte Reisebusse gleichzeitig gedacht ist. Oft stehen sie aber alleine oder mit nur wenigen Besuchern auf der Plattform. Alles ist zukunftsorientiert erbaut mit einem Platzangebot das man wohl in den nächsten 50 Jahren nicht brauchen wird.

Alle Miradore sind liebevoll aus Materialien der Insel ausgestattet. Kaum trifft man auf Beton oder nackten Stahl. Die Mäuerchen sind in Handarbeit aus geschlagenen Lavasteinen errichtet. Das benutzte Holz ist imprägniert oder langlebiges Tropenholz. Es werden nur die edelsten Materialien eingesetzt. Wenn schon Stahl verbaut wird, dann aber bitte Edelstahl vom Feinsten. Die Miradorbepflanzung setzt sich ausschließlich aus heimischen, meist endemischen Pflanzen zusammen. Endemische Pflanzen sind Blumen oder Sträucher, die nur auf der Insel El Hierro vorkommen. Interessant zu beobachten sind auf manchen Miradoren die verbauten Lavasteine. Es sind oft besonders schöne Lavabrocken mit bizarr ausgebildeten Lavaformationen oder eingeschlossenen Fossilien.

Hinweistafeln und Schilder erklären Besonderheiten und die Blickrichtung. Oft hat man auch versucht den spanischen Text einzudeutschen. Es kommen meist entstellte deutsche Sätze dabei heraus. Es ist aber nicht nur ein Problem hier auf El Hierro, sondern auch auf La Palma zu sehen. Im Grunde ist es ein leichtes, einen auf der Insel lebenden Deutschen zu beauftragen, eine sinnvolle Übersetzung vorzunehmen. Eine kleine Investition von wenigen Stunden - aber hier sind die Insulaner eigen. Alles wird selbst gemacht – wir können das schon. Das Studium dieser Tafeln führt so manchem deutschen Gast immer wieder zum schmunzeln. Vielleicht macht es auch den besonderen Reiz aus.
Öffentliche Toiletten sind Mangelware auf El Hierro. Wenige Miradore sind mit Toiletten ausgestattet, oft aber verschlossen. Wenn doch geöffnet, dann aber gratis. Besonders Frauen verspüren öfter den Drang zu solchen Einrichtungen, nicht den Gang aufschieben, sondern die Chance nutzen. Die nächste Möglichkeit bietet sich vielleicht erst in ein paar Stunden wieder.
Die schönsten Miradore:

Mirador de La Pena (gesprochen Penja)

Dieser wohl eindrucksvollsten Miradore liegt im Nordwesten nahe dem Ort Guarazoca. Die Anfahrt erfolgt am besten über die Straße HI -5 bis Mocanal zum Kreisverkehr. Ab hier ist der Mirador ausgeschildert.

La Pena wurde vom kanarischen Künstler und Architekten Cesar Manrique gestaltet. Cesar Manrique gilt als der bedeutendste Künstler der kanarischen Inseln. Auf allen Inseln hat er seine Spuren hinterlassen. Besonders auf seiner Heimatinsel Lanzarote finden sich eine ganze Reihe von Kunstwerken und Monumenten die von ihm geschaffen wurden. Er ist, auch auf El Hierro, jedem Kind ein Begriff. In den neunziger Jahren ist er auf Lanzarote bei einem Verkehrsunfall ums Leben gekommen.

Cesar Manrique hat auf seine besonders verspielte und surrealistische Art von 1989-1991 diesen Mirador geschaffen. Von der unteren Aussichtsterrasse haben sie einen herrlichen Blick auf den nördlichen Teil von "El Golfo" mit den gewaltigen Felsen von Salmor.

Gut im Tal zu erkennen das Meeresschwimmbad „Cascadas del Mar" bei Las Puntas und die fruchtbare Ebene Richtung Süden. Gigantisch umrahmen die steilen Felswände das Golfo Tal.
Der Aussichtspunkt befindet sich auf 940 m Höhe.

Im Zentrum des Mirador befindet sich ein sehenswertes Restaurant. Gehen Sie ruhig hinein und schreiten sie die breiten Treppenstufen hinab. Üppige Bepflanzung mit überhängenden Farnen und bunte Skulpturen eröffnen eine Märchenwelt. Eine komplette Glasfront gibt den Blick auf das Golfotal und das Meer frei. Ein Restaurant mit Stil und Ambiente. Für mich das schönste Restaurant der Insel. Rechts an der Bar ist eine Verkaufsstelle für Insel typische Souvenirs eingerichtet.
Wenn ich sage „für mich das schönste Restaurant "meine ich nicht das Insel typischste und gemütlichste Restaurant der Insel. Aufsuchen sollte man dieses Restaurant bei besonderen Anlässen wie Geburtstag oder Hochzeitstag und ähnlichen Anlässen. Das Essen ist vom Feinsten und das hat seinen Preis.

Auch das spanische Königspaar Juan Carlos und Reina Sofia waren hier schon Gast. Fotos an der Wand und eine Gedenktafel im Eingangsbereich zeigen diesen Anlass.

Mein Tipp: Nehmen Sie das Menü „Cesar Manrique" mit Vorspeise, Hauptgang und Nachttisch für ganze 12 €. Dies ist ein günstiger Preis als Friedensangebot an die Herrenos.
Sie werden es nicht bereuen und ein unvergessliches Erlebnis haben.

Das Restaurant „Mirador La Pena" hat von 11:00 Uhr bis 22:30 Uhr geöffnet und keinen Ruhetag.

Bei der Einfahrt zum Mirador liegt rechts eine Baustelle. Das soll oder sollte das Auditorio (Kongresszentrum) werden für das es hier eigentlich überhaupt keinen Bedarf gibt. Auch wieder so ein Prestigeprojekt mitten in der Pampa. Der Bau wurde inzwischen mangels Masse und Bedarf eingestellt. Was weiter mit dem Rohbau geschehen soll ist noch unklar. Die Gesamtbaukosten waren mit 3,8 Mill. Euro veranschlagt.

Mirador de Jinama

Der Mirador de Jinama liegt auf der Meseta de Nisdafe Hochebene. Schon die Anfahrt über die grünen Wiesen und Weideflächen ist ein Genuss. Von Natursteinen umfasste Ackerflächen lassen ein wenig an Irland erinnern. Meist ziehen Wolkenfetzen und Passatnebel über die Felder. Sie sollten sich für diesen Ausflug einen möglichst wolkenlosen Tag heraussuchen und die Tour am frühen Vormittag starten. Meist ist um die Mittagszeit alles wolkenverhangen und keine Fernsicht möglich.

Jinama liegt auf 1254 m und ist von San Andres über die HI-1 Richtung La Frontera zu erreichen. Circa 10 km hinter San Andres zweigt ein beschilderter

Weg Richtung Mirador de Jinama ab.
Von hier haben sie einen einmaligen Blick über das gesamte Gebiet der Golfregion. Von den Roques de Salmor im Nordwesten bis hinunter zu den Arenas Blancas im Südwesten.

Durch den knorrigen Torbogen führt ein alter Ziegenpfad in 2 Stunden bis nach La Frontera im Golftal. Hier wurden früher die Ziegenherden von ihrer Sommerweite ins Tal getrieben.

Am Aussichtspunkt befindet sich eine kleine Kapelle die „Ermita de la Caridad". Durch die Öffnung an der meist verschlossenen Eingangstür ist eine Madonna zu erkennen. Besucher werfen durch diese Öffnung ihren Obolus in den Ermita Innenraum.

Auch die moderne Technik hat bei diesem Mirador bereits Einzug gehalten. Mehrere Hinweisschilder auf touristische Informationen per Handy sind vorhanden. Diese Gespräche sind natürlich kostenpflichtig. Sie können getrost darauf verzichten und das ersparten Geld der Madonna opfern oder ihrer Frau am Abend ein Eis kaufen.

Mirador de Las Playas

Der Mirador de Las Playas liegt auf der Ostseite der Insel 1050 m über dem Meer. Wir erreichen hin von San Andres ausgehend ca. 2 km über die HI-1 Richtung La Frontera, dann links die Abzweigung HI-4 nach El Pinar nehmen. Die Straße führt zunächst über Weideland, dann durch Waldgebiete. Links auf das kleine Holz Schild Mirador de Las Playas achten. Über eine unbefestigte Piste gelangen wir nach circa 1 km zum Mirador.

Der Miradore erstreckt sich über mehrere Ebenen und ist mit Steinbänkchen ausgestattet. Er liegt auf einer Anhöhe am Rande eines Kiefernwaldes mit Blick auf die Las Playas. Aus dem Barranco (Schlucht) sind die Glocken und Laute

der weidenden Ziegen zu hören. Die Ruhe wird sanft vom Rauschen des Windes unterlegt.
Ein idealer Platz um unter großen Kiefern eine Pause einzulegen, zu picknicken oder sich Gedanken über das Weltgeschehen zu machen. Auf diesem erhabenen Punkt hat man das Gefühl über allem zu stehen und sieht gedanklich so manche weltlichen Dinge als klein und unbedeutend an. Was hat die Natur hier nur erschaffen ?

Der Strandbereich ist weitgehend kahl, nur ein paar einzelne Häuser sind zu erkennen. Diese Grundstücke sind von der Ferne wie kleine grüne Oasen wahrzunehmen, mit Palmen und Fruchtbäumen bepflanzt. Hier ist zu sehen, was regelmäßiges Gießen für Oasen zaubert.
Am rechten Strandabschnitt haben wir das einzige Drei Sterne Hotel El Hierros, das Parador.

Am Strand rechts – das Parador Hotel   Felsentor- Roque de la Bonanza

Am Strand erkennen wir einen riesigen Felsen der ein Tor bildet. Der **Roque de la Bonanza** wie er genannt wird, ist ein beliebtes Fotomotiv. In Nähe dieses Felsens befindet sich die Playa de las Almorranas die zum Baden einlädt.

Dieses Gebiet ist mit dem PKW nur vom Hafen Puerto de La Estaca auf der HI-30 erreichbar. Die Straße endet kurz nach dem Parador bei Las Casas.

Verbinden kann man diesen Ausflug zum Mirador Las Playas auch mit dem Besuch des Refugium Hoya del Morcillo.

Mirador de Tanajara

Dieser Mirador in Nähe des Ortes El Pinar – Taibique muss man nicht unbedingt wegen der Aussicht aufsuchen. Er legt 910 m hoch und ist vor allem durch sein Gesteinsaufbau interessant. Zum Bau dieses Mirador wurden ganz gezielt Lavasteine verwendet die deutliche Abdrücke und Einschlüsse von Muscheln, Eidechsen und anderen Fossilien enthalten. Bitte lassen Sie alles an Ort und Stelle liegen und kommen nicht in Versuchung Andenken mitzunehmen. Es ist verboten - auch Gäste die nach ihnen kommen, wolle noch diese Fossilien bewundern.

Hoyo del Morcillo

Das Refugium Hoyo del Morcillo ist kein Aussichtspunkt, sondern ein ungezwungener und rustikaler Freizeitpark. Vergleichbar vielleicht mit einem deutschen Grillplatz, nur umfangreicher, liebevoller und besser ausgestattet. Diese Refugien finden wir auf allen kanarischen Inseln und sie dienen in erster Linie den Einheimischen als Aufenthalts- und Vergnügungsplatz am Wochenende. Hier trifft man sich mit Kind und Kegel zum schwatzen und feiern, wenn nicht gerade am Wochenende auf der Insel irgendwo eine andere Fiesta abgeht.

Die Herrenos verbringen dann meist den ganzen Tag und die halbe Nacht auf dem Refugium. In der Regel rollen sie mit Eltern, Freunden und Bekannten an. Sie schleppen große Kochtöpfe und Pfannen, Korbflaschen, Ballons oder Plastikkanister mit süffigem Wein herbei. Oft ist auch eine Gitarre,Timple oder ein sonstiges Musikinstrument dabei.
Während die Frauen Plastik oder Papiertischdecken auf die rustikalen Holztische auslegen und das Outfit herrichten, sind die Herren der Schöpfung dabei den Grill in Gang zu bringen.
Der Besuch und die Benutzung aller Refugien ist gratis. Sogar das Feuerholz wird kostenlos zur Verfügung gestellt. Auch wegen der Reinigung muss man sich keine Sorgen machen, das übernimmt der Aufseher vom Medio Ambiente (Naturschutzbehörde).

Oft werden auf den Refugien Hochzeiten gefeiert. In Deutschland geht man meist in ein Restaurant, hier in die Natur. Am frühen Morgen des Hochzeitstages bereiten die Nachbarn auf dem Refugium alles für die Feier vor. In der Regel wird mindestens ein Schwein gebraten – kein Ferkel – sondern eine ausgewachsene Sau. Dafür stehen Bodengrills zur Verfügung die die schwere Last aufnehmen können. Viel Fleisch ist notwendig weil eine Hochzeitsgesellschaft hier normal aus 150 - 200 Gästen besteht. Alle sollen ja satt werden.
Sind dann im Laufe des Tages die kirchlichen Feierlichkeiten abgeschlossen, begibt man sich auf das Refugium. Inzwischen ist auch das Schwein gar und man kann langsam mit den weltlichen Genüssen beginnen. Je später der Tag, desto lustiger wird die Feier. Irgendwann ergreift einer eine Gitarre und der Tanz beginnt. Es wird dazu gesungen und gelacht.
Sollten Sie zufällig oder absichtlich einmal auf eine solche Feier stoßen, nicht davon laufen, sondern direkt auf die Gesellschaft zugehen und das Brautpaar beglückwünschen. Dieser Abend ist dann garantiert für sie gerettet. Sie werden mit 100 % Sicherheit sofort eingeladen und am Festschmaus beteiligt. Nach spätestens 10 min. gehören sie zur Hochzeitsgesellschaft. Hier erleben sie dann Live die Gastfreundschaft der Herrenos.
Hier noch ein Hinweis: Bitte nicht gleich nach dem Essen die Gesellschaft

verlassen, sondern mit den Herrenos weiter feiern. Je später der Abend und je mehr Wein desto leichter wird die Verständigung sein. Bis zum Ende der Feierlichkeiten müssen sie allerdings nicht ausharren, da die Herrenos das bis in die frühen Morgenstunden ausdehnen können. Sie sind das lange feiern besser geübt und gewohnt als vielleicht sie.

Das Refugium Hoyo del Morcillo verfügt über ca. 40 Grillplätze , die meisten davon überdacht. Regen hält nämlich die Herrenos nicht vom feiern ab. Auch mehrere Bodengrills für größeres Grillgut ist vorhanden.
Das Refugium liegt auf über 1200 m Höhe in einem schattigen Kiefernwald.. Abends kann es sehr frisch werden, deshalb immer bei ihren Ausflügen eine Jacke oder einen Pullover mitnehmen.
In einer extra Hütte ist der Holzvorrat untergebracht. Es sind meist größere Holzbrocken aus Pinien bzw. Kiefernholz, die man noch spalten muss. Ein passendes Beil erhält man vom Aufseher oder bringt es am besten gleich mit.

Auf dem Gelände sind überall Trinkwasserstellen installiert. Hütten mit sanitären Einrichtungen sind vorhanden. Für den Nachwuchs gibt es Spielgeräte und einen Bolzplatz. Interessant sind die großen und mächtigen Pinienbäume, die hier Pino heißen – aber Kiefern sind.

Verteilt stehen Sitzgelegenheiten mit robusten Holztischen, auf denen es Spaß macht zu picknicken.
Im Eingangsbereich des Refugium ist ein Inselrelief aus Holz ausgelegt, in dem sie ihre Ortskenntnisse ausprobieren können.

Von diesem Refugium startete 1992 der erste Heißluftballon zu seinem transatlantischen Flug Richtung Venezuela. Eine Gedenktafel auf dem Parkplatz erinnert an dieses Ereignis.

Schnell werden sie bemerken, dass über dem gesamten Gelände ein besonderer Geruch liegt. Eine Kombination von Pinienduft und Rauch aus den Grillschloten.

Das gesamte Areal wurde in den Jahren 1971 – bis 1973 geschaffen. Die Größe dürfte circa 8–10 ha umfassen. In den letzten Jahren wurde das Refugium noch um einen Campingplatz erweitert, auf dem mindestens 250 Zelte beziehungsweise Wohnmobile untergebracht werden können. Die Plätze für Wohnmobile verfügen über einen eigenen Stromanschluss. Das gesamte Campinggelände ist mit einer Wegbeleuchtung ausgestattet. Alles wirkt etwas übertrieben groß.
Selbst bei der großen Fiesta, der Bajada im Jahre 2009, wo alle Häuser und Wohnungen inselweit ausgebucht waren, gab es hier noch genügend Platz zum campen.

Eine Reservierung ist nicht notwendig. Man rollt einfach mit seinem Zelt an, zahlt 3,40 € pro Kopf /Tag und bekommt einen Platz zugewiesen oder wählt ihn selbst aus. Kinder bis 12 Jahre sind frei. So kann man auch günstig Urlaub in der puren Natur verbringen.

Eine Verkaufsbude oder ein Kiosk ist nicht vorhanden. Alle Lebensmittel die benötigt werden, muss man mitbringen. Ein Getränkeautomat für Erfrischungsgetränke und Café steht aber zur Verfügung.

Lebensfreude und Fiestas

Die Einwohner El Hierros, die Herrenos, sind weltoffene Menschen. Viele Nationalitäten leben hier gemeinsam und friedlich auf dieser kleinen Insel. Viele Schicksale haben vor allem Menschen aus Südamerika nach El Hierro geführt. Alle fühlen sich als Herrenos und sind stolz auf ihre Insel.

Neben der Altbevölkerung, die größtenteils aus Festland Spanien stammt, finden wir Zuwanderer aus Venezuela, Kuba, Ecuador, Argentinien und Kolumbien. Auch die Neu - Zuwanderer aus Nordeuropa, vor allem aus Alemania und der Schweiz fallen auf.

Wie auf allen kanarischen Inseln ist der Anteil der Südamerikaner sehr groß. Fast jede Familie hat einen Bezug nach Südamerika. Das hängt damit zusammen, dass in früheren Jahren und Jahrhunderten Auswanderungswellen vor allem nach Venezuela erfolgte. Ob das hier auf El Hierro regenarme Jahre mit Ernteausfällen oder sonstige Katastrophen waren, die viele Herrenos zur Auswanderung trieben.

In früheren Jahren führte die einzige Verbindung per Schiff von Nordeuropa Richtung Südamerika über die Kanaren. Die Emigranten nahmen diesen Weg um im gelobten Land ihr Einkommen und vielleicht auch Glück zu finden. Mit oft abenteuerlichen kleinen Segelbooten wurde die Überfahrt Richtung Venezuela und Kuba gestartet. Viele erreichten ihr Ziel nie. Meist waren es nur die Männer die sich auf den Weg Richtung Amerika machten. Frau und Kinder wurden alleine zurückgelassen. Von vielen Männern verlor sich dann ihre Spur, ob gewollt oder ungewollt - das ist die Frage.

Die letzte große Auswanderungswelle erfolgte nach dem Zweiten Weltkrieg um 1950. Viele Emigranten kehrten nach Jahren, teilweise nach Jahrzehnten oder auch erst die nächste Generation als gemachte Leute in ihre Heimat zurück.Sie hatten es in Venezuela und den Nachbarländern zu Reichtum gebracht. Nicht alle, aber doch die Mehrzahl. Sie lebten dort als Farmer oder Tierzüchter. Heirateten dort eine einheimische Frau und gründeten eine Familie.

Durch politische Veränderungen und durch die Zunahme der Kriminalität sahen sich viele gezwungen, zurück in ihre alte Heimat zu gehen. Man kann davon ausgehen, dass fast jede Familie eine verwandtschaftliche Beziehung nach Südamerika hat.
Durch die Rückkehr der Immigranten wurden Sitten, Bräuche und Musik von Südamerika nach El Hierro mitgebracht. Auch hat sich im Verlauf der Zeit die spanische Sprache hier geändert.
Neue Wortbezeichnungen wie zum Beispiel Platanos (Bananen) statt Bananos hielten Einzug. Es entwickelte sich im Laufe der vielen Jahre ein eigenes Dialekt. Viele Festlandspanier, vor allem aus dem Raum Madrid, wo hochspanisch gesprochen wird, haben hier Verständigungsschwierigkeiten. Aber in Deutschland ist das ja auch nicht anderst. Gehen sie nach Oberbayern

oder nach Friesland, dann bekommt so mancher Berliner auch seine Probleme.

Besucher, Ausländer also Gäste werden von den Einheimischen mit Respekt und Höflichkeit empfangen. Man ist hilfsbereit und versucht dem Gast den Aufenthalt so angenehm wie möglich zu machen. Die Herrenos halten aber Abstand und beobachten den Fremden ganz genau.
Es liegt nun an ihnen den ersten Schritt der Kontaktaufnahme zu machen.

Die Insulaner nehmen nicht alles ganz so genau, wie mancher Deutsche das aus seiner Heimat gewohnt ist. Auch sind die Herrenos vielleicht nicht so weit bereit oder haben nicht den Wissensstand eines Nordeuropäers.
Sie sind jedoch nicht dumm. Gehen Sie mit ihnen gleichwertig um. Viele Dinge beherrschen sie, von denen sie keine Ahnung haben. Sie schaffen großartige Sachen mit geringsten Mitteln.

In den letzten 15 Jahren hat der Fortschritt, ob positiv oder negativ, viele Herrenos in die Neuzeit katapultiert. Es gibt nun überall Strom und Fernsehen, fast jede Familie hat Telefon und ein Handy, es gibt gute ausgebaute Straßen, einen modernen Flugplatz und fast alle Konsumartikel wie in der so genannten modernen Welt. In Nordeuropa hat man dafür 50 Jahre gebraucht, hier ging das in nur wenigen Jahren. Dass dadurch Einige noch unter dem Konsumschock stehen, ist sicher leicht nachvollziehbar.

Kinder sind das Ein und Alles der Herrenos. Heute sind auch hier die Familien kleiner geworden. Drei oder vier Kinder sind normal. Früher hatte eine Familie 8-10 Kinder. Herrenos lieben ihre Kinder und auch fremde Kinder. Wenn Sie also mit Kinder reisen werden sich die Tore schneller öffnen.
Kinder werden überall mithin genommen. Ob ins Restaurant oder abends auf die Fiesta. Es ist keine Seltenheit das fünfjährige Kinder um Mitternacht mit ihrer Familie noch unterwegs sind. Das ist hier völlig normal.

Auch die Essgewohnheiten haben sich verändert - bei Klein und Groß. Gab es früher Gofio (geröstetes Mehl) und Potache (Eintopfgericht) und dazu einen Becher Milch oder Wasser, sind es heute die so genannten modernen Lebensmitteln. Chips und Pommes, Coca-Cola und jede Menge Süßes.
Fortschritt bringt halt nicht immer nur Segen.

Wie überall in Spanien beginnt täglich gegen 13:00 Uhr die Siestazeit. Die Läden werden geschlossen, die Arbeit eingestellt und man legt sich nach einem kleinen Imbiss zur Ruhe. Die Siesta ist auch hier heilig. Keinesfalls sollten sie es wagen während der Siesta zu stören oder unnötigen Krach zu machen. Meist sind die Straßen und Gassen während dieser Zeit wie leergefegt. Erst gegen 16:00 Uhr kommt wieder Leben auf. Die meisten Geschäfte öffnen erst gegen 17:00 Uhr.

Herrenos feiern sehr gerne und ausgiebig. Meist in den Sommermonaten finden Patronatsfeste oder andere lokale Fiestas statt. Jedes Örtchen oder

Weiler hat sein eigenes Fest.
Um mitfeiern zu können müssen sie Durchhaltevermögen mitbringen.
Die Fiestas erreichten meist erst nachts um 1:00 Uhr oder noch später ihren Höhepunkt. Kommen Sie bereits um 19:00 Uhr zur Fiesta finden Sie noch gähnende Leere vor. Erst um 22:00 Uhr trudeln die ersten Besucher ein. Meist finden die Fiestas im Freien statt. Regen ist in den Sommermonaten ein Fremdwort. Wenn sie Glück haben, gibt es Sitzgelegenheiten. In der Regel findet alles im Stehen statt.
Um das Festgelände sind Getränkestände aufgebaut, an denen es Bier, Wein, Rum, Cola und Churros (Süßgebäck)gibt. Alles zu moderaten Preisen.

Im Zentrum steht die Bühne für die Musiker. Dargebotenen wird Folklore oder Salsa. Es geht sehr lautstark zu, meist die ganze Nacht über. Zu später Zeit findet ein Feuerwerk oder eine Böllerei statt. Ruhestörung gibt es hier nicht – alles feiert mit.

Besonders schön sind Romerias. Das sind Umzüge in landestypischer Tracht, mit Kühen und Ziegen und Folkloremusik. Bei den Romerias werden kleine Happen, so genannte Tapas und Wein kostenlos gereicht.

Am 23. Juni wird im Restinga im Süden und in Tamaduste im Nordosten und Punta Grande im Nordwesten der Insel, die traditionelle Fiesta San Juan gefeiert. Örtliche Folkloregruppen in ihren typischen Gewändern machen Musik und zeigen den traditionellen Tanz El Hierros. In der Nacht wird ein Sonnenwendfeuer entzündet. Dazu werden Getränke und gegrillte Sardinen gereicht.

Die Bajada Virgen de Los Reyes

Die größte Fiesta von El Hierro ist die Bajada Virgen de Los Reyes – die Herabkunft der Jungfrau der Könige. Alle vier Jahre, zuletzt im Jahre 2009, findet dieses Fest statt. Während der Festlichkeiten im Monat Juli kommen viele Besucher, meist Verwandtschaft aus Südamerika, auf die Insel. Zum einen um der Schutzheiligen der Insel El Hierro zu huldigen und um ihre Familien wieder einmal zu sehen.
Sämtliche Inselbetten und Ziegenställe sind dann belegt. Mittelpunkt ist die Prozession - die Bajada - über 29 km vom Heiligtum Iglesia Virgen de los Reyes im Südwesten bis nach Valverde.

Singend und tanzend wird auf einem traditionellen Weg, dem Camino de la Bajada, die Schutzheilige begleitet. Die Bajada beginnt im Morgengrauen und endet spät in der Nacht in der Hauptstadt. Von Ortschaft zu Ortschaft schließen sich immer mehr Menschen der Bajada an. Im Jahre 2009 sollen an der Bajada

am Ende 12.000 Menschen teilgenommen haben.
Nach einer Verweilwoche der Virgen in Valverde wird sie zum nächsten Ort weitergereicht. Die Grenzen der Übergabe sind dabei genau festgelegt. Durch zwischenzeitlich bauliche Veränderungen wie das neue Tunnel im Norden verändern sich auch die Übergabepunkte. Es soll deswegen 2009 zu Streitereien zwischen Valverde und Frontera gekommen sein, bei der sogar die Polizei einschreiten musste.
Dieses Inselfest erstreckt sich über 4 Wochen im Juli und umfasst eine Reihe von Einzelveranstaltungen. Die gesamte Insel ist festlich geschmückt.

Die Tracht der Bailarines mit ihren Hosen, Röckchen und kleinen Schürzchen mutet seltsam an. Archaisch, fast eintönig, ist der Klang der Musik. Die Tänzer klappern mit ihren übergrossen Kastagnetten, den Chacaras, und die Trommler schlagen auf ihren grossen „Tambores" ein und mittendrin ertönt die immer wiederkehrende Melodie der Querflöten, den Flautas.

Ab Sabinosa im südlichen Golfotal erfolgt dann wieder der Aufstieg zur Stammkapelle.

Im Jahre 1545 soll ein Segelschiff bei „La Orchilla" das auf dem Weg nach Kuba war, wegen eines Unwetters notgeankert haben. Die Hirten vom Hochland „La Dehesa" versorgten die Besatzung während ihres mehrwöchigen Zwangsaufenthaltes mit Proviant.
Als Dank überließ der Kapitän vor seiner Weiterfahrt den Hirten am 6.1.1546 ein Holzbild der Jungfrau Maria. Die Jungfrau wurde zunächst in den Caracol Höhlen aufbewahrt. Später wurde nebenan eine kleine Kapelle errichtet.

Ermita   Virgen de los Reyes

Eine Dürre im Jahre 1614 veranlasste die Hirten, gegen den Willen des Pfarrers von Valverde, eine Bittprozession abzuhalten. Ziel war die Stadtkirche in Valverde. Als die Schwelle der Kirche überschritten wurde, soll urplötzlich ein drei Tage andauernder Sturzregen eingesetzt haben. Das war die Geburtsstunde der Inselheiligen."Virgen de los Reyes" – Jungfrau der Könige oder Königsjungfrau.

Erneute Bittprozessionen erfolgten damals nur sporadisch in Notzeiten. Als 1741 eine Heuschreckenplage das Grünfutter für das Vieh vernichtete und ein verheerendes Viehsterben einsetzte, brachte eine erneute Bittprozession Erfolg. Die Heuschreckenschwärme verschwanden. Von nun an beschloss die Obrigkeit diese Bajada regelmäßig alle vier Jahre abzuhalten.

Das nächste Mal wieder im Jahre 2013. Wer solch eine Bajada einmal Live miterleben möchte, sollte mindestens ein Jahr im voraus seine Unterkunft festmachen, sonst bleibt ihm nur noch das Zelt als Übernachtungsmöglichkeit offen.

Fiesta - Kalender

Die wichtigsten Feste auf El Hierro 2010 (analog auch für die folgenden Jahre)

06.01.10	Dehesa	De la Virgen de Los Reyes (jährliches Fest der Inselheiligen)
17.01.10	El Pinar	San Anton (für kräftige Weiden)
02.02.10	La Frontera	Candelaria (Patronatsfest)
25.04.10	Inselfest	Los Pastores (Hirtenfest)
03.05.10	Taibique	Dia de la Cruz (Kreuzfest)
15.05.10	Sabinosa	Virgen de Consolocion (Patronatsfest)
01.06.10	San Andres	De Apanada (Viehmarkt)
23.06.10	Tamaduste Restinga Punta Grande	San Juan (Sonnenwendfeier)
29.06.10	Mocanal	San Pedro (Patronatsfest)
01.07.13	Inselfest	Bajada de la Virgen de los Reyes (größtes Fest alle 4 Jahre)
03.07.10	Restinga	Pescadores (Fischerfest)
10.07.10	Isora	Virgen de Fatima (Patronatsfest mit Markt)
01.- 05.08.10	El Golfo	Camineros y Palmeros (zu Ehren der Palmeros)
11.08.10	La Frontera	San Lorenza del Candelaria (Patronatsfest)
24.09.10	Inselfest	Virgen de los Mercedes (Patronatsfest)
10.10.10	Valverde	Virgen del Rosario (Patronatsfest)
28.10.10	Sabinosa	San Simon (Patronatsfest)
08.12.10	Valverde	Purisma Conception (Patronatsfest – unbefleckte Empfängnis)

* kurzfristige Terminänderungen sind immer möglich - achten Sie bitte auf Plakate und Anschläge!

Auf der Suche nach mysteriösen Höhlen

Höhlen waren schon seit altersher etwas geheimnisvolles. Ob Piratenhöhlen mit einem vergrabenen Schatz oder Vorzeithöhlen mit dem Knochen und Grabbeigaben der Urmenschen. Auf allen vulkanischen Inseln sind diese Höhlen vorhanden. Durch die glühende Lava entstanden und entstehen auch heute noch sogenannte Lavahöhlen.

Eine Lavahöhle entsteht, wenn beim Vulkanausbruch die oberirdischen Lavaschichten auskühlen und erstarren , die tiefer liegende Lava aber weiter Richtung Meer ausströmt. Irgendwann versiegt der Nachschub aus dem Vulkankrater und die flüssige Lava läuft aus und hinterlässt einen Hohlraum – eine Lavahöhle.

Auf El Hierro erfolgte der letzte Vulkanausbruch um 1730. Seit dieser Zeit sind keine neuen Lavahöhlen mehr entstanden. Die Insel ist aber seit der Frühzeit wie ein Schweizer Käse durchlöchert. Viele Höhlensysteme sind bis heute unentdeckt geblieben und bergen vielleicht noch so manche Geheimnisse.

Lavahöhlen sind instabilen Gebilde die einer dauernden Veränderung unterworfen sind. Oft lösen sich Deckenplatten oder ganze Gänge stürzen ein. Wenn Sie eine Höhle betreten, ist äußerste Vorsicht angeraten. Sagen Sie bitte jemanden Bescheid in welche Höhle sie gehen. Ihr Handy funktioniert unter der Erde nicht. Festes Schuhwerk, lange und kräftige Hosen, möglichst einen Helm und eine leuchtstarke Taschenlampe gehören zur Grundausstattung. Lavagestein ist sehr scharfkantig und schneidet wie ein Messer. Schon manche guten kräftigen Wanderschuhe habe ich bei meinen Wanderungen durch Lavafelder zerschnitten.
Meist werden sie auf El Hierro bei ihren Erkundungen alleine sein. Oft ist weit und breit keine Menschenseele zu erblicken

Cueva del Acantilado

Dieses Höhlensystem finden wir am südwestlichen Zipfel in unmittelbare Nähe des Faro de Orchilla. Als Orientierung dient der Leuchtturm am ehemaligen 0-Meridian.

Die Anfahrt erfolgt entweder über die Westseite ganz in Meeresnähe über Pozo de la Salud , weiter in die la Dehesa, Richtung der Ermita Virgen de los Reyes (Kapelle der Inselheiligen).
Von der Ostseite aus nehmen wir die Forststraße (Calle Forestal) vom Grillplatz „Hoya del Morcillo" ebenfalls Richtung Ermita Virgen de los Reyes. Beide Straßen sind sehr gut ausgebaut und asphaltiert.
Wir folgen in Nähe der Ermita Virgen de los Reyes der Beschilderung zum Faro de Orchilla. Ab hier wird die Straße ruppiger und geht in eine Piste über. Am Leuchtturm angekommen stellen wir unser Fahrzeug ab und gehen einige Meter zurück bis zum Schild Meridian 0. Hier folgen wir Richtung Meer einem Trampelpfad der zu einem Holzkreuz auf einer Klippe führt.

Nach ca. 100 m erkennen wir bereits mehrere Einstiegsöffnungen in dieses Höhlensystem.

Eine lange Treppe führt auf der linken Seite hinab in eine Höhle die über einige 100 m Richtung Meer führt. Sie verzweigt sich mehrfach, so dass es ratsam ist den Einstiegsweg mit einer Schnur zu kennzeichnen. Einige Passagen sind nur mit Verkrümmungen oder auf dem Bauch passierbar.

In der Nähe befinden sich Mauerüberreste von früheren Behausungen und Stallungen.
Auch mehrere Steinkreise sind zu erkennen. Ob es Plätze für Rituale Versammlungen der Bimbaches (Ureinwohner) waren oder als Abgrenzung für Ziegen und Schafe gedient hat, war nicht zu klären.

Cueva del Caracol

Diese Höhlen befinden sich in unmittelbarer Nähe der Ermita Virgen de Los Reyes dem Inselheiligtum. Alte Aufzeichnungen besagen das in früheren Jahrhunderten das Inselheiligtum in einer dieser Höhlen aufbewahrt wurde. Auch heute noch beginnt die eigentliche Bajada (Festlichkeit) bei den Caracol Höhlen (Schneckenhöhle). Die Pilger übernachten hier und feiern mit gemeinsamem Essen, Trinken und Gesang wie ihre Vorfahren.

Der Erforscher dieser weit verzweigten Anlage von Wohnstätten der Ureinwohner El Hierro´s war der Direktor des archäologischen Museums von

Teneriffa Prof. Luis Cuscoy. Er fand in diesen Höhlen komplette Wohnungseinrichtungen mit Kochutensilien aller Art. Die Einrichtung war größtenteils geschnitzt aus Holz der Sabinas und nicht wie üblich aus dem Kernholz der Kiefern. Die Einrichtungsgegenstände befinden sich heute im Museum von Santa Cruz de Tenerife.

Eine düstere historische Begebenheit gibt es noch zu erzählen. In der Nähe der Höhle Caracol wurde 1455 der Kommandeur von El Hierro, Lazaro Vizcaino, von einer Ureinwohnerin umgebracht, sie wollte sich für die Missachtung der spanischen Besatzer gegenüber den Frauen El Hierros rächen.

Wir fahren an dem kleinen Kirchlein ca. 100 m Richtung Berg aufwärts, parken links der Straße unser Fahrzeug ab und nehmen den Weg mit der Markierung „El Caracol" (Schneckenhöhle) . Bereits nach 200 m erkennen wir auf der rechten Seite mehrere Höhleneingänge beziehungsweise Felsüberhänge. Das Gelände ist mit einem Trassenband abgesperrt, da Steinschlag Gefahr besteht. Einige Höhleneingänge sind verschlossen und werden zur Aufbewahrung sakraler Gegenstände benutzt. Es handelt sich hier um Wohnhöhlen mit Feuerstellen und Liegemöglichkeiten.

Einige Höhlen scheinen in Benutzung zu sein. In einer Wohnhöhle fand ich ein Schild sinngemäß übersetzt

„Sie können meine Höhle besichtigen, sollten aber einen Obolus hinterlassen"

Es befanden sich Übernachtungsutensilien, Besteck und Bücher in der Höhle vor. Ob es sich bei dem Bewohner um einen Einsiedler oder Schafhirten handelt, war nicht festzustellen.

Wenn Sie schon einmal hier sind, besuchen sie auch gleich die Ermita Virgen de Los Reyes. Beachten Sie bitte auch im Sommer die Öffnungszeiten am Wochenende. Am Samstag und Sonntag ist die Kapelle nur bis 15.00 Uhr geöffnet.

Cueva de Don Justo

Im Süden der Insel, bei La Restinga liegt die Höhle Don Justo. Es handelt sich hier um ein ganzes Lavahöhlensystem das sich dicht unter der Erdoberfläche über eine Gesamtlänge von 6 km Richtung Meer erstreckt.

Es gibt keine Hinweisschilder, daher sind die Höhlenöffnungen schwer zu finden. Wir fahren die HI-4 Richtung Restinga. ca. 4-5 km vor La Restinga sehen wir zur rechten einen Berg „Montana de Priem". Der Berg mit einer Höhe von 248 m schimmert rot/braun und hat keinen Bewuchs. Die Straße führt links um diesen Berg herum. Auf der anschließenden gerade verlaufenden Straße achten wir auf der rechten Seite auf ein kleines Natursteinmäuerchen mit einer Eingangs Öffnung.

Ihren PKW parken Sie ab und gehen circa 4-500 m durch diese Maueröffnung Richtung Norden. Sie kommen vorbei an kleinen Lavaerhöhungen. Aus der Ferne sehen Sie bereits die weiße Oberfläche dieser Erhöhungen. Bei näherem hinsehen erkennen sie eine Vielzahl von Muschelschalen. Es handelt sich um frühere Aufenthaltsplätze der Ureinwohner wo gemeinsam gespeist wurde. Bei den Muschelschalen handelt es sich um Lapas, einer um El Hierro weit verbreiteten Muschelart.

Versuchen Sie den Trittspuren weiter zu folgen. Die kleinen Höhleneingänge erkennen sie erst, wenn sie unmittelbar davor stehen. Beim Einstieg in das Höhlensystem sind Verrenkungen notwendig. Im Untergrund erkennen Sie sofort, dass es sich um ein komplexes System mit weit verzweigten Gängen handelte. Manche Strecken sind nur auf dem Bauch zu überwinden. Die Lavagänge führen über Umwege alle Richtung Meer.

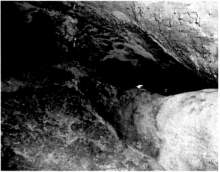

Ein Verirren ist hier leicht möglich. Begeben Sie sich niemals alleine in dieses Höhlensystem. Eine Person sollte immer außerhalb der Höhle postiert werden. Auch ist das ganze Lavasystem sehr brüchig.

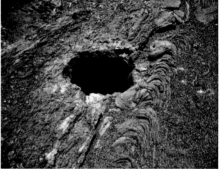

Im Umfeld dieser Höhlen, finden Sie sehr schöne Lavaformationen, wie Lavataschen und Stricklava. Lassen Sie sich nicht verleiten Lavabrocken mitzunehmen. Es ist Naturschutzgebiet und <u>verboten.</u>

Cueva del Diablo

Die Cueva del Diablo, die Teufelshöhle wie sie auf deutsch heißt, liegt im Gebiet von Tacoron auch im Südteil der Insel. Woher der furchterregende Name kommt, konnte ich nicht klären. Es ist die bekannteste Höhle auf El Hierro.

Wir fahren die Hi-4 Richtungen Restinga und biegen circa 8 km vor Restinga, dem Straßenschild folgend Richtung Tacoron ab. Dieser Straße folgen wir bis zum Ende. Hier finden wir ein Stroh gedecktes Kiosko.
Kurz vor dem Kiosko führt links ein beschilderter Pfad Richtung Höhle. Vorbei an einem Refugium (Grillplatz) folgen wir dem teilweise abgerutschten

Trampelpfad Richtung Höhle. Einige Kraxeleien sind dabei notwendig.

Unterschätzen Sie nicht die Gefahren dieses Weges. Unterwegs werden sie auf Schildern auf die Steinschlaggefahr hingewiesen. Bei Sturm oder Regen verzichten sie lieber darauf die Höhle zu besuchen. Für Kinder und nicht trittsichere Personen nicht geeignet. Die Gehzeit beträgt einfach 25 min. Nur bei Ebbe ist das Betreten der Höhle gefahrlos möglich.

Die Cueva del Diablo ist etwa 35 m breit und 10-12 m hoch. Es ist eine Felsgrotte mit 30 m Tiefe.

Nach dem Besuch der Höhle sollten sie sich im Kiosko am Parkplatz eine Holzofen Pizza gönnen. Sie sitzen im Freien auf einer kleinen Terrasse und werden zuvorkommend bedient. Falls frischer Fisch angeliefert wurde, gibt es auch Fischgerichte.
Unterhalb des Kiosko findet man offene Hütten mit Grillstellen und eine Art Meeresschwimmbad, das zum Baden einlädt.

Das Perpetuum Mobile von El Hierro

- oder wie ich aus vorhandenen Energieressourcen eine Insel zu 100 % mit sauberer Energie versorge.

Ein Perpetuum Mobile, bei der keine Energie verloren geht und ich trotzdem Leistung erhalte, gibt es nach den Gesetzen der Physik nicht. Dieser Grundsatz gilt natürlich auch hier auf El Hierro.

Welche natürlichen Energiequellen stehen mir auf der Insel zur Verfügung.

El Hierro entstand vor 1 Million Jahren durch vulkanische Aktivitäten. Sie ist eine Vulkaninsel. Bekannt ist, dass sich im Inneren eines Vulkans über lange Zeit Wärme, also Energie speichert. Der letzte Vulkanausbruch erfolgte im 17. Jahrhundert.
Es wären also schon größere technische Voraussetzungen nötig diese **Geothermie** anzuzapfen.

Die Insel ist komplett vom Atlantik umgeben. Die Kraft der Meereswellen kann mit **Wellenkraftwerken** für die Energiegewinnung genutzt werden. Doch diese Technologie ist noch nicht ausgereift und sehr kostspielig.

Gezeitenkraftwerke nutzen die doppelte Kraft von Ebbe und Flut. Das Wasser wird zweimal durch Turbinen geleitet. Die Gezeitenhöhe auf El Hierro liegt bei circa 1,80 m. Leider ist der Bau einer solchen Anlage nur an wenigen Standorten möglich. Durch die rasch und steil abfallenden Küsten El Hierro`s zudem auch technisch schwierig.

Bioenergie – die in der Biomasse biochemisch gespeicherte Sonnenenergie kann auch als sich selbst erneuernder Energielieferant (nachwachsender Energieträger) für die Gewinnung von Energie oder als Kraftstoff genutzt werden (regenerative Energie). Die Verwendung von Biomasse zur Erzeugung von Wärme, Energie oder als Kraftstoff ermöglicht eine ausgeglichene CO^2 – Bilanz, da nur die Menge CO^2 ausgestoßen wird, die zuvor biochemisch gebunden wurde.
Früher wurde sehr viel Zuckerrohr - heute meist Bananen, angebaut. Zuckerrohr ist ein großer Energielieferant aus dem brauchbare Energie hergestellt werden könnte. Die großen Bananenplantagen produzieren sehr viel Bioabfall. Eine Bananenstauden trägt nur einmal und wächst in neun Monaten sehr rasch bis zur Ernte heran. Diese Biomasse stellt heute ein Entsorgungs - Problem dar. Nur vereinzelt wird davon auch Dünger oder Viehfutter hergestellt.
Beide Pflanzenarten benötigen allerdings beim Anbau viel Süßwasser das auf El Hierro nicht unbegrenzt zur Verfügung steht.

Fotovoltaik/Solarenergie – die Möglichkeiten bei der Anwendung der Fotovoltaik sind sehr vielfältig. Die modernen Anlagen sind technisch ausgereift und halten länger als jede andere Technik zur Energiegewinnung. Die kanarischen Inseln haben 2940 Sonnenstunden/Jahr und eine Globaleinstrahlung von 2800 KWh/m². Diese Sonnenleistung wird auf El Hierro allerdings nur im Süden und Südwesten der Insel erreicht. Die anderen Gegenden werden zeitweise von den Passatwolken bedeckt.

Wasserkraft – Beschleunigung + Fallkraft: Turbinen = Strom. Schon die alten Römer nutzten die Bewegungsenergie und die Fallkraft des Wassers. Wasserkraft ist eine sichere und zuverlässige Technologie, die hier noch keinen Anteil an der Stromerzeugung hat. Der Jahresniederschlag liegt bei circa 300 l/m². Durch die bergige Lage der Insel könnte man relativ einfach aus dem herab strömenden Wasser Energie gewinnen. Allerdings ist die Regenmenge gering und nur in den Wintermonaten von Bedeutung.

Windenergie – Durch die Insellage weht auf El Hierro fast immer Wind. Der beständige Nord Ost Passatwind kann in exponierten Lagen durch Windräder in nutzbaren Strom verwandelt werden.

Die Wasserkraft und die Windenergien sind also die Energieformen die am einfachsten nutzbar und vorhanden sein.

Nach langen Überlegungen und Planungen unterzeichneten 2007 in Madrid El Hierros Cabildo Präsident Tomas Padron und der spanische Industrieminister einen Vertrag der als historisch bezeichnet wurde.

Die Inseln El Hierro soll in einigen Jahren zu 100 % von erneuerbarer Energie versorgt werden. Damit wäre El Hierro die erste Insel der Welt, die ihre Energieversorgung ausschließlich aus Wind- und Wasserkraft beziehen würde und damit Vorreiter dieser Technologie für alle anderen Länder.

Zur Zeit wird der Strom noch mit einem herkömmlichen Kraftwerk erzeugt. Betreiber ist das Monopolunternehmen Unelco-Endesa. 6000 t Schweröl werden hierfür jährlich verbrannt, das mit Schiffen auf die Insel transportiert werden muss.

Die Schadstoffemissionen soll mit dem neuen Projekt um

20.000 t Kohlendioxyd
100 t Schwefeldioxid und
400 t Stickstoff

gesenkt werden.

Nach Berechnungen wird der jährliche Stromverbrauch bis zum Jahre 2015 von jetzt 35 GW auf ca. 48 GW steigen.
Das soll mit der neuen Kraftwerkskomponente alles eingeplant und erreicht werden. Ein ehrgeiziges und zukunftsweisendes Projekt.

Die Idee und Planungsphase

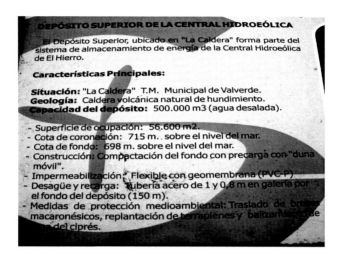

Geplant ist der Bau eines Wind- und Wasserkraftwerks von **9,9 MW Leistung**. So wie auf der Grafik soll der technische Vorgang funktionieren.

Fünf Windräder mit je knapp 2 MW Leistung sollen die komplette Insel mit Strom versorgen. Für windstille Tage ist als Batterie ein Wasserspeicherbecken vorgesehen.
Aus diesem Staubecken mit einem Fassungsvermögen von 500.000 m^3 wird im Bedarfsfall das Wasser über eine Fallhöhe von 683 m in ein 225.000 m^3 fassendes Unterbecken geleitet. Über drei Turbinen mit je 3,3 MW Leistung wird daraus Strom gewonnen.
Das notwendige Wasser wird dem Meer entnommen und über eine Meerwasserentsalzungsanlage in das obere Speicherbecken gepumpt.

Das alte Schweröl-Kraftwerk bleibt als Reserve bei Windflaute oder bei Ausfall des neuen Wind-und Wasserkraftwerkes erhalten und soll dann einspringen.

Ideale Windbedingungen gibt es in den Monaten März bis September. In den Wintermonaten kann diese Windenergie nur bedingt genutzt werden, da oft starke Winde herrschen und die Anlage sicher öfter abgeschaltet werden muss. Auch für diesen Fall ist das Staubecken vorgesehen.

Das Konzept selbst ist nicht neu. Gibt es doch bereits eine ganze Reihe von Wasserkraftwerken, auch in Deutschland. Erst die Kombination mit Windkraft und die Versorgung einer ganzen Insel mit Strom ist das einmalig.
Wäre es nun noch möglich über diese Staubecken die Wasserversorgung der

gesamten Insel sicherzustellen, dann hätte man die Nonplusultra-Lösung für für die Versorgung der ganzen Insel gefunden. Was nicht ist, das kann ja noch werden!

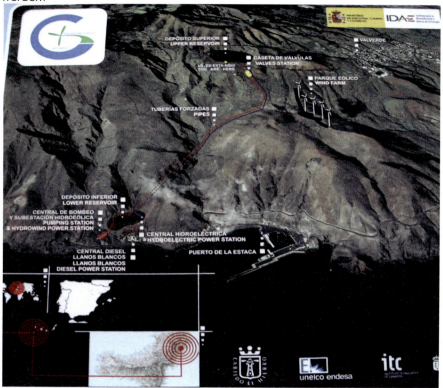

Auf der Fotomontage ist rechts oben die Hauptstadt Valverde und links davon das obere Speicherbecken zu erkennen. Über eine ca. 3 km lange Rohrleitung fließt das Wasser in das untere Becken am Meer. Rechts davon der Hafen La Estaca.

Besonders stark gemacht für dieses Projekt hat sich der Wirtschaftsdezernent von El Hierro Javier Morales. Ihm ist es vor allem zu verdanken, dass aus Plänen nun Realität wird. Ginge es nach ihm, so würden auf der Insel in Zukunft nur noch Elektrofahrzeuge unterwegs sein. Alle Benzin und Diesel Karossen möchte er am liebsten verbannen. Damit wäre El Hierro in der Energieversorgung vom Erdöl unabhängig. Erdöl würde dann nur noch verarbeitet in den alltäglichen Gebrauchsgegenständen wie Plastikschalen, Einkaufstüten, Spielzeug und vielem mehr vorkommen. Aber auch hier wird Sen. Morales noch Ideen entwickeln. Es gibt viel zu tun, packen wir`s an.

Soweit der Grundgedanke und die Theorie.
Was hat sich aber inzwischen in der Praxis getan.

Umsetzung und Bauphase

In einem alten Vulkantrichter wird zur Zeit das 500.000 m³ fassende Speicherbecken erbaut. Ob es dicht ist, wird sich nach der erstmaligen Wasserbefüllung herausstellen. Problematisch ist der Untergrund, da die Insel kaum wassersperrende Ton- oder Lehmschichten hat. Ein noch größeres Becken hatte auf der Nachbarinsel La Palma jahrelange Reparaturarbeiten zur wirkungsvollen Abdichtung erfordert.

Plastische Ansicht des fertigen Speicherbecken im Krater. Über eine doppelte, beschichtete Rohrleitung mit 0,80 m Durchmesser wird Wasser zu den Turbinen abgelassen bzw. mit der zweiten Leitung das Becken befüllt.

Das Auffangbecken mit 225 000 m³

5 Windräder für die Stromversorgung

Die Kosten für das Gesamtprojekt werden mit 64 Millionen Euro beziffert. Erfahrungsgemäß kommen hier bis zur Inbetriebnahme sicher noch einige Millionen dazu.
Die Vertreter der Insel haben jahrelang beharrlich um Mittel gekämpft. Schlussendlich zahlt nun die EU, die Zentralregierung in Madrid und die kanarische Regierung dieses gigantische Projekt.

Für die Umsetzung wurde eigens eine Gesellschaft „Gerona del Viento El Hierro S.A." gegründet.
An dem Unternehmen ist die Inselregierung von El Hierro zu 60%, das Technologische Institut der Kanarischen Inseln (ITC) zu 10% und der private Energieversorger Endesa zu 30% beteiligt.
Das Unternehmen Endesa, das mehrheitlich in italienischem Besitz ist, musste mit ins Boot genommen werden, da es Besitzer des gesamten Stromnetzes und des alten Ersatzkraftwerkes ist.
Besser wäre es für El Hierro gewesen ohne den Monopolisten Endesa-Unelco auszukommen, da das Projekt ganz aus öffentlichen Mitteln finanziert wird. Dies lies sich aber anscheinend nicht bewerkstelligen.

Zum Fertigstellungstermin gibt es ständig neue Aussagen, es ist wie Kaffeesatz lesen. Erst sprach man von Ende 2010 – jetzt vom Jahre 2012. Das ist man allerdings auf den Kanaren so gewohnt.

Gut ... es ist ein Pilotprojekt mit neuen technischen Herausforderungen und zudem sehr teuer. Die Finanzierung, auch die kommende Nachtragsfinanzierung muss über die gesamte Bauphase stehen. Ich wage einmal die Prognose der vollen Einsatzfähigkeit mit dem Jahr 2015.

Aber egal in welchem Jahr, - Ende gut, alles gut. Je früher desto besser .. gut für die Natur und die hier lebenden Menschen.

Bis ans Ende der Welt!

...es grüßt aus Deutschlands letztem Zipfele, euer Karle Dipfele.....Diese Abschiedsparodie aus dem Karneval von Konstanz könnte man genauso auf El Hierro anwenden.

El Hierro galt viele Jahrhunderte als letzter Zipfel der kanarischen Inseln – Nein, …. Spaniens - Nein, …..... Europas - Nein …....El Hierro galt als letzter Zipfel der Welt.
El Hierro lag quasi am „Culo del mundo" am Arsch der Welt.

So die Meinung und die Ansicht bis ins Mittelalter. Westlich dieser Insel gab es nichts mehr außer Wasser. El Hierro war das äußerste Ende der westlichen Welt.

Der Astronom und Geograph Claudius Ptolemäus legte bereits 150 Jahre n. Chr. den durch El Hierro verlaufenden Ferro-Meridian als Nullmeridian fest. Dieser Punkt verlief genau durch den „Punta de Orchilla" im Südwesten El Hierro`s. Dort wo heute der Leuchtturm **„Faro de Orchilla"** steht. Ferro ist auch eine alte Bezeichnung für El Hierro.

Auf allen damaligen Land und Seekarten wurde dieser Punkt als **0- Meridian** bezeichnet.

Auch als Columbus 1492 weiteres Land im Westen entdeckte, blieb man bei dieser Einteilung. Columbus verweilte sogar auf seiner zweiten Amerika-Reise für einige Tage in Nähe dieses 0-Meridians.

Noch 1634, also 150 Jahre nach der Entdeckung Amerikas berief Papst Luis VIII eine Versammlung von führenden Geographen ein, die El Hierro als „Meridian primero" festlegten. Auch zur damaligen Zeit ist die Kirche der Zeit um Jahrhunderte hinterher gerannt. Es passte einfach nicht in das kirchliche Weltbild.

Selbst Karten der österreichisch-ungarischen Monarchie aus dem Jahre 1918 zeigen noch den Null - Meridian von Ferro.

Erst im Jahre 1884 wurde auf einer Konferenz in Washington beschlossen, den 0-Punkt nach Greenwich zu verlegen.

Dieser historische Punkt liegt im Südwesten der Insel, an der Küste von La Dehesa. Wir erreichen ihn über die Küstenstraße im Golfotal, an Pozo de la

Salud vorbei, immer Richtung Ermita Virgen de los Reyes.

Pozo de la Salud (Grube der Gesundheit =Heilquelle) sieht auf den ersten Blick interessant aus. Ein neu erbautes Kurhotel, das Balneario mit Swimmingpool und Nebengebäuden. Natursteinmauern, eine schöne Außenanlage und einen neu erbauten Brunnen.

Auf den zweiten Blick erkennt man, das Hotel wurde noch niemals benutzt, der Pool strotzt vor Algen und im Umfeld heruntergekommenen und teilweise eingestürzte Häuser.

Dabei hat Pozo de la Salud eine interessante Vergangenheit hinter sich. Es ist nicht nur das einzige staatlich anerkannte Heilbad der Kanaren, sondern wurde auch in früheren Jahren von spanischen Persönlichkeiten zur Gesundung

aufgesucht. Seit 1844 wird es offiziell als Heilquellen geführt. Ein Vertrauter des spanischen Königshauses, der Conde de la Vega, unheilbar erkrankt erfreute sich nach mehreren 30 Tagen Trinkkur wieder bester Gesundheit – so die Überlieferung.
Es wurden verschiedene Gutachten von international anerkannten Ärzten und Institutionen eingeholt. Alle bescheinigten dem schwefelhaltigen Wasser einen hohen Gesundungswert.

Das heute zerfallene Nachbarhaus **„Casa Rosa"** war früher die alte Kuranlage.

Das Heilwasser gab es auch in Flaschen und wurde verschickt. Diese Zeiten sind allerdings längst vorbei.
Wie ich in Erfahrung bringen konnte, haben neuerliche Wasseruntersuchungen bedenkliche Werte ergeben, die die Zukunft von Pozo de la Salud nicht so rosig aussehen lassen. Die Wasserproben wurden von hier ansässigen Schweizer Residenten veranlasst und brachten gesundheitsgefährdende Keime zum Vorschein - also von dem Wasser besser jetzt nichts probieren.
Ohne eine offizielle Unbedenklichkeitsbescheinigung ist an eine Wiedereröffnung des Heilbades nicht zu denken

Auf dem weiteren Weg ist die Landschaft karg und von Lavaströmen durchzogen. Wir passieren die alten Urbäume in **El Sabinar**, die mehrere tausende Jahre alt sein sollen.

Es lohnt sich anzuhalten und einen kurzen Abstecher nach links oder rechts der Straße zu unternehmen. Die Sabinares, wie sie hier genannt werden ist eine Art Zeder-Wacholder und nur noch auf der Insel El Hierro vorhanden. In der Literatur spricht man gar davon, dass sie so alt wie die Insel seien. Schon von der Wuchsform ist ihr hohes Alter abzuschätzen. Alte, knorrige und vom Wind gebeutelte, in sich verdrehte Gewächse.

Da es sich um einen Baum handelt, müsste man anhand der Jahresringe sein Alter bestimmen können. Die Jahresringe liegen aber so eng beieinander, dass ohne Lupe eine Altersbestimmung nicht möglich ist. Diese Baumart die nur hier auf der Insel vorkommt, ist geschützt. Also keine Äste oder Holzstücke dieser Exemplare mitnehmen. Es ist schon vorgekommen, dass Schnitzereien aus diesem Holz auf den Märkten von der Guardia Civil (Staatspolizei mit grünen Uniformen, überall präsent und bei den Herrenos gefürchtet) beschlagnahmt wurden. Der El Sabinar stellt auch eine Art Erkennungszeichen der Insel El Hierro dar.

Circa 5 km vor dem Inselheiligtum „Virgen de los Reyes" führt rechts eine geteerte Straße zu dem in der Ferne bereits sichtbaren Leuchtturm hinab. Der Weg ist gut beschildert und führt nach einigen Kilometern in eine etwas ruppelige Piste. Diese Piste endet direkt am Leuchtturm.

Dies ist also der historische Null Meridian.

Der neue Faro de Orchilla wurde 1933 fertig gestellt und war bis 1983 mit einem Leuchtturmwärter besetzt. Seit dieser Zeit verrichtet er seinen Dienst automatisch.

Für viele Seefahrer war er über viele Jahre der letzte Leuchtpunkt Europas vor der Überfahrt Richtung Amerika und für viele zurückkehrende Emigranten das erste Licht ihrer alten Heimat wieder.

1983 wurde von der Inselregierung an diesem geschichtsträchtigen Ort, eine kleine Erinnerungstafel abgebracht.

Auf einem nahe liegenden Felsen erkennen wir ein großes Holzkreuz. Darunter ein weises Steinkreuz mit Inschrift für den letzten hier verstorbenen Leuchtturmwärter.

Gibt es die Riesenechsen von El Hierro ?

Was ist überhaupt eine Riesenechse ?

Nach dem Lexikon können sie bis zu 3m lang und 70kg schwer werden und gelten als gefährlich. Diese Echsen kommen aber nur in Indonesien noch vor. Auch der ausgestorbene Dinosaurier gehörte zur Gattung der Echsen.

Wenn von Riesenechsen auf El Hierro gesprochen wird meint man große Eidechsen von 75 cm Länge die viele Jahre als ausgestorben galten und nun wieder gefunden wurden. Völlig für den Menschen ungefährliche Reptilien.

Im übrigen gibt es auf El Hierro auch keine Schlangen oder Skorpione. Sie können sich hier also unbesorgt bewegen.

In der Frühzeit von El Hierro lebte eine Rieseneidechse (Gallotia goliath) die über 1m groß war. Funde von verkohlten Knochenresten beweist, dass die Ureinwohner das Reptil jagten und als Kalorienlieferant verspeisten.
Auch wurden sie geächtet und getötet, weil sie sich über die Nutzpflanzen hermachten.
Dieser lebendige Rest einer prähistorischen Tierwelt wurde bereits von Plinius in alten Aufzeichnungen beschrieben und 1889 von Franz Steindachner wissenschaftlich unter die Lupe genommen. Er nannte die Rieseneidechse „Gallotia simonyi" als Ehrung für den lange Jahre auf El Hierro wirkenden österreichischen Geologen Oscar Simonyi.
Im spanischen heißen diese Rieseneidechsen schlicht „Lagarto gigante".

Um 1930 wurden die letzten Rieseneidechsen auf den am nördlichen Golfoeingang liegenden Felsen „Roques de Salmor" von europäischen Forschern beobachtet.
Seit dieser Zeit gelten die Rieseneidechsen als ausgestorben.

Roques de Salmor　　　　　　　　　Gallotia simonyi

Im Jahre 1974 entdeckte ein Ziegenhirte in der Steilwand des Golfotales, im Risco de Tibataje, diese ausgestorben geglaubte Rieseneidechse wieder. Der Bonner Architekt und Amateurforscher Werner Bings stellte die Wiederentdeckung des lebenden Fossil der Öffentlichkeit vor. Es war eine Sensation die in der Presse weltweit Anklang fand.
Nicht geklärt werden konnte wie die Rieseneidechse von ihrem ehemaligen Standort, dem Roque de Salmor der im Meer liegt, auf die Hauptinsel gelangen konnte. Später stellten die Wissenschaftler fest, dass man eine Unterart der Gallotia simonyi wiederentdeckt hatte.
Schnell war man sich schlüssig dieses seltene Reptil zu schützen und zu vermehren. Seit 1975 steht die „Gallotia simonyi machadori" wie man die kleinere Unterart jetzt nennt, unter Naturschutz.

Das neue Lagartario

Um eine erfolgreiche Vermehrung und Aufzucht zu betreiben sollte es keine große Standortveränderung geben. Es wurde aus diesem Grunde unterhalb der Fundstelle eine Zucht- und Forschungsstation, das Centro de Recuperacion del Lagarto Gigante - kurz das **„Lagartario"** aufgebaut.

Insgesamt 6 Eidechsenpaare wurden für die Aufzucht in das Lagartario heruntergebracht. 1986 kamen die ersten Rieseneidechsen in Gefangenschaft zur Welt. Nach mehreren Jahren endlich der erwünschte Erfolg.
Die Zucht- und Forschungsstation wird von Miguel Angel Rodriguez Dominguez geleitet.
Bisher wurden rund 400 Tiere wieder in die Wildnis entlassen. Ausgesetzt wurde zunächst auf dem Roque Chico, später auch im Julan und in der Dehesa. An allen drei Stellen wurden später Eidechsen gesehen, die in freier Wildbahn neu geboren wurden.
Die Wiedereinführung der Rieseneidechse war also ein Erfolg.

Sorgen bereiten allerdings die verwilderten Katzen, die sich als Leckerbissen schon mal eine Eidechse schmecken lassen.

In der Zuchtstation sind die Eidechsen geschützt. In Glaskästen sind mehrere Exemplare zu bewundern wie sie regungslos im Schatten von Baumstämmen liegen.

Nach der Befruchtung behält die Eidechse die Eier etwa vier Wochen im Bauch. Anschließend gräbt sie eine Höhle und legt 5–6 Eier ab, bedeckt die Höhle mit Erde und damit ist für die Mutter Eidechse die Sache erledigt. Die Eier sind sich selbst überlassen.

Im Zentrum kommen die Eier in einen Brutkasten von gleichbleibenden 28°.

Nach 2-2,5 Monaten schlüpfen die Jungen und sind etwa 12-15 cm lang. Während der ersten 4 Jahre ernähren sie sich hauptsächlich von Insekten, fressen aber auch Pflanzen weil sie diese für ihren Wasserbedarf brauchen.
Ab 4 Jahre fressen die Eidechsen auch frischgeborene Mäuse. Später stellen sie dann mehr auf pflanzliche Nahrung um.

Auch eine spanische Briefmarke mit dem Lagarto gigante aus El Hierro wurde 1999 herausgegeben

Wie alt die Echsen werden ist noch unbekannt. Die älteste Echse im Lagartario im Golfotal bringt es immerhin schon **auf 39 Jahre**.

Im Jahre 2007 zerstörte ein Unwetter mit heftigem Steinschlag und Erdrutsch, Teile des direkt unter einem 1000m hohen Steilhang gebaute Zentrum.
Alle Tiere die zwischen 2001 und 2005 geboren wurden, waren verschüttet.
Insgesamt 178 Jungechsen fehlten bzw. waren tot. Vielleicht hat es auch die eine oder andere noch in die Freiheit geschafft.
Schnelle und dringende Hilfe war angesagt.

Die Inselregierung hat Ende 2007 den Bau eines neuen Terrariums beschlossen. Das eine Million Euro teure Projekt wurde zu 1/3 von El Hierro und der Rest von der Kanarischen Regierung finanziert.
Die Bauarbeiten sind inzwischen abgeschlossen.

Das Lagartario finden Sie im Golfotal, direkt an der Straße vom Tunnel Richtung La Frontera.
Es ist mit dem Ecomuseo Guinea zusammen gelegt.
Das Ecomuseo habe ich unter dem Kapitel „ Mysteriöse Funde aus der Vorzeit" beschrieben.

Der Eintritt beträgt für beide Einrichtungen 7,50 €.
Am Sonntag und Montag ist geschlossen. Die Führung beginnt im Lagartario und endet nach 1 Std. im Ecomuseo Guinea.
Die Führungszeiten: 10.30 / 12.00 / 13.30 / 15.00 / 16.45 Uhr.

Die Führungen finden auf spanisch statt. Einmal die Woche, oder bei Gruppen, auch auf deutsch. Am Besten fragen sie vor ihrem Besuch nach.

Fotoaufnahmen im Lagartario sind nicht gestattet.
Der Raum ist abgedunkelt und Blitzlicht würde die Zucht stören. Deshalb kann ich Ihnen auch keine Aufnahmen vom Innenbereich präsentieren.
Grundsätzlich lohnt sich der Besuch beider Einrichtungen, obwohl ich den Eintrittspreis schon happig finde.
In Anbetracht, dass der Erlös in die Aufzucht dieser Reptilien fließt und nur hier diese Tiere Live zu erleben sind, aber ok ...

Wer sich mehr für dieses Thema interessiert, schaut das folgende Video an:

http://www.youtube.com/watch?v=--uqbAlL4WI

Geheimtipp: Die besten Badebuchten

El Hierro ist nicht die Insel der langen Strände. Wer nur Sonne, Strand und Meer sucht ist auf Fuerteventura, Gran Canaria oder Mallorca besser aufgehoben. Warum sollte ich ich so weit und umständlich fliegen nur um einen Sandstrand aufzusuchen. Sandstrände sind beliebig austauschbar.

El Hierro hat als junge Lavainsel fast nur Steilküsten, von einigen kleinen oder schwer erreichbaren Grobsandgebieten im Süden oder auch äußersten Südwesten einmal abgesehen.
Aufgrund der rauen See ist etwas problematisch im Meer zu Baden. Die Inselverwaltung hat daher einige Naturbuchten die von der Inselbevölkerung schon immer zum Baden benutzt wurden mit Naturmaterialien ausgebaut.

Playa de La Maceta

Mehrere große u. kleine Becken　　　Kinderplanschbecken

Picknickplatz　　　Restaurant

Bei der Playa de Maceta ist alles vorhanden was zu einem angenehmen

Badeausflug notwendig ist. Selbst für Kleinkinder ist das Baden hier möglich. Eine geteerte Zufahrtsstraße mit Parkplatz. Mehrere Badebecken mit abgemauertem Kinderplanschbecken und großen Liegeflächen. Romantisch in Felsüberhänge eingebettete und beschattete Grill- und Picknickplätze. Wer Service bevorzugt geht in das am Parkplatz liegende Restaurant. Zivile Preise und eine sehr gute Pizza.
Am Wochenende wird diese Bucht auch gerne von den Herrenos aufgesucht. Unter der Woche sind sie fast alleine.

Mein Favorit – vor allem für Familien mit Kinder.

Wie finde ich denn nun diese Meeresbäder?
Gleich 4 Badebuchten ziehen sich wie eine Perlenschnur an der Küste des Golfotales entlang - Punta Grande, La Maceta, Los Sargos und Charco Azul.

Allerdings sind nur La Maceta und Los Sargos wirklich interessant.

Charco de Los Sargos

Schon der Name dieses Meeresbades „**Charco de Los Sargos**" bringt so manchen Besucher zum nachdenken. Dabei ist ein Charco nichts anderes als eine Pfütze oder ein Tümpel und Los Sargos – nicht das was sie vielleicht denken – sondern eine Brasse, also „Tümpel der Brassen". Ob es die Fischart Brasse hier tatsächlich so zahlreich gibt, konnte ich jedoch nicht feststellen. Als die Fotos entstanden herrschte gerade Ebbe. Bei Flut ist der Wasserstand ca. 1 m höher und erreicht die Stege. Ein moderner, an ein kleines Stadion erinnernder, Grill- und Picknickplatz ist vorhanden.
In der Ferienzeit ist, meist am Wochenende, auch ein Imbisswagen mit Eis und Getränken vor Ort.

Pozo de Las Calcosas

Ein imposanter und beeindruckender Blick vom Rand des Steilabfalls auf die altertümliche Siedlung ganz im Norden. Die ins Meer abfließende Lava hat mehrere Becken gebildet.

Die auch als Las Pobres Negro (arm u.schwarz) bezeichnete Ansiedlung, war früher das Sommerdorf der einfachen Leute hier im Norden. Ein Teil der Hütten

und Häuser ist heute noch mit Strohbedachung.
Die Bucht wurde dezent gestaltet. Der Einstieg in die kristallklaren Meeresbecken erfolgt über Treppen und Leitern. Ruhebänke und Liegefläche stehen ausreichen zur Verfügung. In Ufernähe steht ein Betonklotz der als Übernachtungsherberge dient oder gedient hat. Zur Zeit ist das Gebäude geschlossen.

Über einen 3-400 m langen Serpentinenweg in schlechtem Zustand, der nicht mit Badelatschen benutzt werden sollte, erreichen sie die Badestelle. Vorbei geht es an einer Skulptur des Meeresgottes Neptun. Auch dies ist wieder ein Müllkunstwerk des Inselkünstlers Ruben Armiche, den ich im Einleitungskapitel ausführlich beschreibe.

Las Calcosas erreichen sie über die Nordtangente. Ab El Mocanal ist der geteerte und in Serpentinen abwärts führende Weg ausgeschildert. Am Parkplatz oberhalb der Bucht gibt es inzwischen ein Restaurant und eine Bar.

Ist es ihnen danach, wieder mal einige Sätze auf deutsch zu wechseln, dann besuchen sie die Bar. Die Besitzerin kommt aus München und kann sie auch gleich mit den neuesten Fußballnachrichten versorgen.

Rio del Tamaduste

Eine natürlich geformte 300m tiefe Bucht, umgeben von wilden Lava – Basaltformationen. Die traditionelle Badebucht der Bewohner aus dem 9 km entfernten Valverde.
Schmucke weiße Häuser umrahmen das Ufer. Tamaduste wird bei den Insulanern auch „Ricos blanco Casas" (reiche, weiße Häuser) genannt.

Bei Sonnenaufgang leuchten die Felsen der Bucht in einem warmen anmutenden Licht. Die „Cueva de los Barcos" Schiffshölle wird zum unterstellen kleiner Fischerboote genutzt.

In den letzten Jahren hat eine rege Bautätigkeit neue Straßen und Häuser erstehen lassen, die nicht jedermanns Geschmack sind. Als Folge der Krise wurden alle Bauaktivitäten inzwischen eingestellt.
Die Bucht ist aufgrund des flachen Wassers und geringer Wellenbewegung besonders für Kinder geeignet. Mehrere Einstiege, meist Treppen, ermöglichen

gefahrloses Baden. Empfehlenswert sind Bade- oder leichte Turnschuhe. Bei Ebbe kann man fast zu Fuß die Bucht durchqueren.
Ein kleiner Supermarkt und ein Kinderspielplatz ist am Ort vorhanden.

Der Eingang zur Bucht Nordansicht

Weiteres zu Tamaduste siehe im Kapitel: „Ferienhaussuche".

Cala de Tacoron

Tacoron ist <u>nicht</u> der beste Badeplatz, da der Zugang zum Meer schwierig ist. Aber es ist ein **origineller Platz** zum sonnen und die Füße im Wasser baumeln zu lassen.
Recht geschickt hat man zwischen den Felsen Wege und Plätzchen geschaffen.
Bei Ebbe, wie auf meinem Foto, liegt die Anlage frei – bei Flut ist ein Teil davon überschwemmt.
In der Nähe befinden sich überdachte Grill- und Picknickplätze die zum verweilen einladen.
Tacoron gilt als einer der sonnen sichersten Plätze der Insel.
Besonders empfehlen kann ich ihnen das kleine Kiosko „Tacoron" direkt an der Badebucht. Neben inseltypischen Gerichten wird eine Holzofenpizza in verschiedenen Variationen angeboten.

Am Montag ist Ruhetag, sonst von 13.oo – 21.oo Uhr geöffnet. Tacoron liegt an der Südspitze El Hierros, ca. 8 km vor Restinga. Die Abfahrt ist beschildert und die Straße bis zur Bucht geteert.

Cala de Tacoron   Kiosko „Tacoron"

Weitere Badeplätze

Es gibt noch einige Sandstrände wie die Arenas Blancas im Westen oder Playa del Verodal, die nur über eine löchrige Piste zu erreichen sind.
Im Hafen von Restinga im Süden wurde im Rahmen der Umbauarbeiten auch ein kleiner Strand mit Sitzgruppen geschaffen.

Restinga Ruhebänke am Strand   Restinga Hafenbucht

Der Weltraumbahnhof El Hierro

Das Ganze klingt futuristisch, ein bisschen nach Science-Fiction, die große Moderne, der Bahnhof zu anderen Welten .. und das auf unserer kleinen Insel El Hierro?
Wenn es nach den Planern geht würde es auf El Hierro in Zukunft so aussehen.

Nein, das ist kein Aprilscherz ... sondern reale Wirklichkeit, zumindest in den Köpfen der Initiatoren .. es sind keine Intellektuelle oder Phantasten, sondern keine Geringeren als die spanische Zentralregierung in Madrid.

1996 wurden Pläne bekannt, daß die damals konservative Regierung in Madrid eine Abschussrampe für Kleinraketen plane. Es sollten die im eigenen Land entwickelten Argo (die Schnelle) und Capricornio (Einhorn) Raketen mit Satelliten von El Hierro aus abgeschossen werden.

Die staatliche Raumfahrtagentur INTA (Instituto National de Tecnica Aeroespacial) wurde mit der Abwicklung beauftragt.

Das verschlafene und immer vergessene El Hierro rückte plötzlich in den Mittelpunkt und erweckte das Interesse der Mächtigen aus Madrid. Was war geschehen, - warum ausgerechnet El Hierro.

Der Abschusspunkt El Hierro ist optimal für erdnahe polare Satelliten als auch für geostationäre Umlaufbahnen in 36 000 km Höhe.

Um einen geostationären Orbit zur erreichen, sind also bei einem Start von El Hierro aus am wenigsten energieaufwendige Flugmanöver notwendig. Der Abschuss in der Nähe des Äquators hat auch noch den Vorteil (wenn die Rakete in Ost-Richtung abgeschossen wird), dass die relativ hohe Rotationsgeschwindigkeit der Erde und die daraus sich ergebende kinetische Energie ausgenutzt wird.

Das spart Treibstoff und setzt eine weniger aufwendige Technik voraus. Es werden also Kosten eingespart und jeder Satellitenstart wird günstiger.

Dazu kommt, dass die Insel politisch stabil und obwohl geografisch in Afrika, doch fester Bestandteil eines europäischen Landes ist. Im Hinterkopf so denke ich gab es noch weitere Gedanken. Was spricht dagegen später nach erfolgreicher Installation der Abschussrampen, auch Satelliten von anderen Ländern gegen Geld ins All zu befördern. Dieser Markt boomt und hat Zukunft.

Einige Politiker jubilierten bereits und malten sich die schönste Zukunft El Hierro`s, als Europas führender Weltraumbahnhof – viel näher am Kontinent als der Ariane Startplatz in Guyana und wettersicherer als die ESA-Startrampen in Skandinavien, aus.

Im Vorfeld wurde bereits die amerikanische Firma Bechtel National Inc. aus San Francisco mit einer Projektstudie und Standortanalyse beauftragt.

Bechtel ist ein über 100 Jahre altes amerikanisches Unternehmen mit 49 000 Beschäftigten. Bei vielen Großprojekten weltweit, ob Staudamm oder Kernkraftwerk, Bechtel ist engagiert. Zur Zeit wir mit Babcok & Wilcox ein neues kleines modulares Kernkraftwerk entwickelt.

Eine blühende Zukunft

Die Ingenieure von Bechtel waren von dem Projekt auf El Hierro begeistert und lobten den Standort über alles. El Hierro sollte gewaltsam aus seinem Dornröschenschlaf gerissen werden. Ein wahrer Goldregen sollte über die Insel niederprasseln – ein neuer Hafen, neue und noch breitere Straßen und ein internationaler Airport für die hoch technologische Fracht aus aller Welt, müssten gebaut werden. Mehrere Hundert Millionen Euro-Investitionen würde das Raketengelände auf die Insel spülen.

Der Raumfahrt Tourismus wird beginnen – neue Betten und Unterkünfte werden gebraucht. Jeder kann mit profitieren – auch der Ziegenhirte.

Hunderte neue Arbeitsplätze würden entstehen, alles modernisiert werden – wie Phönix aus der Asche oder von der Aschenputtel zur Prinzessin ... alles wie in einem schönen Traum.

Die Herrenos waren erstaunt und in einer Art Schockstarre.

Gestern noch in der Steinzeit und morgen vielleicht die führende Raumfahrtinsel. Fernsehteams werden sich die Klinke in die Hand geben und in allen Wohnzimmern weltweit wäre bei jedem Raketenstart El Hierro in aller Munde.

„Womit haben wir das verdient. Alles klingt zu toll um wahr zu sein"

Auch die Bänker hatten vor kurzem noch vollmundig ihre Lehmann Zertifikate als absolut krisensicher mit garantierter Bonusausschüttung angepriesen und verkauft. Das bittere Ende ist jedem bekannt.

So oder ähnlich begann man das Projekt zu hinterfragen wo den hier der Haken wohl liegt ! Die anfängliche Euphorie verflog schnell wieder.

Wenn die Abschussbasis was Gutes wäre, dann käme sie bestimmt nicht nach El Hierro, - so die Meinung vieler Herrenos. Wir sind so zufrieden, leben einfach – haben unser Essen, ein Dach über dem Kopf und unsere Ruhe.

All der neue Segen bringt nur Unruhe, spaltet Familien und alte Freundschaften und ist überhaupt nicht mit der Kultur und unserer Tradition vereinbar. Im übrigen wurden wir auch zu dem beabsichtigten Projekt bisher nicht gefragt. Wir lassen uns von Madrid nichts aufzwingen.

Von den versprochenen neuen Arbeitsplätzen bleiben für uns nur Hilfsjobs übrig. Wir haben nur wenig ausgebildete Fachkräfte und schon gar keine Raumfahrtwissenschaftler. Das machen dann Firmen aus Festlandspanien oder dem Ausland.

Der Widerstand gegen das Raketenprojekt begann sich zu formieren.

Nach und nach wurden neue Einzelheiten bekannt:

Zuerst sprach die europäische Weltraumbehörde ESA in Madrid von von 1 – 2 Raketenstarts mit kleinen Forschungsraketen im Jahr. Jetzt von bis zu jährlich 15 Starts mit bis zu 120 t Gesamtgewicht pro Projektil.

Das vorgesehene Gelände für die Startrampe liegt im Südwesten an der Hoya del Tacoron (auf der Karte rechts von Cala de Tacoron).

Seit 1986 steht das Gebiet unter Naturschutz. Mysteriöserweise blieben einige Hektar Lavafläche vom Naturschutz ausgenommen. Genau an dieser Stelle beabsichtigen die Planer von Bechtel die Basis zu bauen.

Das ist der ungefähre Gefahrenbereich der bei jedem Raketenstart Richtung Osten geräumt werden müsst

Die am nächsten liegenden Orte La Restinga im Süden und Taibique im Norden müssten bei jedem Raketenstart evakuiert werden, da – so das Bechtel Gutachten – durchschnittlich bei jedem 25. Start es zu einem Unfall kommen könne. Auch dürften bei einem Transport von Raketenteilen über die Straßen der Insel, die Bewohner ihre Häuser nicht verlassen.

Da kann man nur sagen, - herrliche Aussichten... rosige Zukunft.

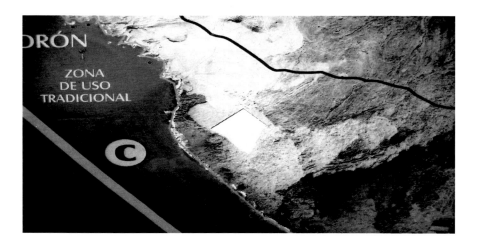

Die weise Fläche stellt das beabsichtigte Areal fast exakt dar. Dazu gibt es noch eine interessante Geschichte.
Das brache und unfruchtbare Lavagelände wurde um 1990 für ein paar Peseten von einem Manuel Cabrera Kabana, der in Madrid lebt, gekauft. Es sollte dort eine Ananasplantage entstehen. Weit ab von jeder Zivilisation und ohne Brunnen oder sonstiges Süßwasser-Vorkommen.
Für viele Herrenos unverständlich und nicht nachvollziehbar. Die Kanarische Regierung zahlt an den Eigentümer eine Subvention von rd. 380 000.- Euro für die Urbarmachung dieser Fläche. Das Areal wurde planiert, mit frischer Erde aufgefüllt und über alles kam ein riesiges Plastikzelt, das auf dem Foto als helle Fläche auszumachen ist.

Der Zugang wird auch heute noch Fremden verwehrt, da lt. Schild experimentaler Pflanzenbau betrieben wird. Eine Maßnahme die auf El Hierro sonst nicht anzutreffen ist. Nach Aussagen von Bauern baut Manuel Cabrera Kabana unter Plastik Bananen an.

Genau dieser stellte dann auch den Kontakt mit Bechtel Inc. in San Francisco her, die sein Gelände für das Projekt als besonders geeignet befand.

Der damals 80 jährige Sen. Kabana gilt seit Francos Zeiten als graue Eminenz in ganz Spanien mit besten Kontakten zu Militär und Regierung. Bereits um 1965 erwarb er im Süden von Teneriffa für billiges Geld große Flächen Brachland, auf dem später der Großflughafen Reina-Sofia gebaut wurde.

Zufall oder ...

Die staatliche Raumfahrtagentur INTA die mit der Abwicklung des gesamten Startbasen Projekts von der spanischen Regierung beauftragt wurde, versicherte immer wieder die reine private Nutzung des Startgeländes. Zweifel kommen allerdings schon auf, wenn man sich die Zusammensetzung der INTA genauer anschaut.

Chef der INTA ist Sen. Jose Rico – gleichzeitig noch General und Staatssekretär im Verteidigungsministerium. 20 leitende INTA Angestellte sind ranghohe Offiziere. Eine gewisse Verbindung zum Militär darf man da schon herstellen.

Nachdem alle Einzelheiten und Zusammenhänge bis in die letzten Fincas El Hierros vorgedrungen waren, standen die meisten ablehnend der Sache gegenüber. Dieses Spiel auf ihre Kosten wollte niemand mitmachen, war es doch ihre Insel und die Franco-Zeiten längst vorbei.

Der Widerstand formiert sich

Die Inselregierung schloss sich mit der bereits in anderer Sache entstandenen Bürgerinitiative „Comision Malpaso" zusammen um den Protest zu organisieren.
Im Mai 1996 entschloss man sich vor den Regierungssitz auf der Hauptinsel Teneriffa zu ziehen um seinem Unmut Luft zumachen und die Regierenden vielleicht zu bewegen ihre eingeschlagene Meinung zu ändern.
Rund tausend Herrenos bestiegen die Fähre in der Hoffnung, dass in Teneriffa sich noch einige Menschen dem Protestzug anschließen.
Daraus entstand dann der größte Protestzug den die Kanarischen Inseln je erlebt hatten. Mehr als 20.000 Menschen marschierten singend und tanzend zum Regierungssitz in Santa Cruz de Tenerife.
Die Bürgerinitiative selbst war von der Vielzahl der Teilnehmer überrascht. Noch mehr überrascht bzw. geschockt wurde die Provinzregierung in Teneriffa. Aber es tat sich zunächst noch nichts.

Im Juli an einem stürmischen Abend meldete plötzlich die Besatzung eines Hubschraubers, dass Schiffe mit Baumaterial vor dem geplanten Raketenareal ankerten. Die schockierende Nachricht verbreitete sich in Windeseile und hunderte Herreno`s mit Stöcken und Steinen bewaffnet fanden sich vor Ort ein.

Fehlalarm wie sich schnell herausstellte – portugiesische Schiffe hatten sich nur vor der rauen See in Sicherheit gebracht.

Seitdem macht der Satz die Runde:

„Wir sind vielleicht nur 8000 Menschen auf der Insel – aber wir sind 8000 aus El Hierro"

Es dauerte dann noch bis Februar 1997 bis ein Sonderausschuss des kanarischen Parlaments mit großer Zustimmung das ganze Vorhaben ablehnte. Damit waren die Träume vom Bau eines Weltraumbahnhofes auf El Hierro, der Schaum von gestern - und vielleicht der Anfang einer besseren Zukunft.

> „Wir erben nicht die Erde von unseren Eltern,
> Wir leihen sie von unseren Kindern"

Der Kampf um die Radaranlage

Herrenos sind ein kämpferisches Völkchen und lassen sich nicht so leicht unterkriegen. Das haben sie ja beim Raketenprojekt bewiesen.
Ein weiteres Vorhaben, eine militärische Radarfrühwarnanlage mit Abhörstation auf dem höchsten Berg El Hierros, dem Gipfel des Malpaso (1501m) , zur Flugzeugabwehr und Überwachung des Flugraumes zu installieren, ist bis heute noch nicht entschieden.

Der Berg Malpaso mit 1501 m

Geplante Radar Anlage

Bereits seit 1986 gab es vom spanischen Militär Planungen eine große Radaranlage auf dem Malpaso zu errichten. Vorgesehen war ein Areal von 70.000 m². Diese militärische Anlage sollte auch als Frühwarnanlage der Nato dienen.
Radargegner rechneten vor, daß neben dem riesigen Geländeverbrauch auch die massive Strahlung der Anlage gesundheitliche Schäden für die Bevölkerung

El Hierros darstellt.

Die vorgesehene Anlage sendet elektromagnetische Wellen im 5 Gigahertz Bereich mit einer Leistung von rund 240.000 Watt aus. Im Vergleich dazu ein Handysendemast bringt es nur auf ca. 1 Watt. Bis auf 500 m Umkreis seien die Strahlen für Mensch und Tier und auch Pflanzen sehr gefährlich. Im Umkreis darüber würden sie bei Dauerbestrahlung auch noch gesundheitliche Beschwerden mit Langzeitfolgen verursachen.

Durch den Betrieb dieser Radaranlage wird El Hierro militarisiert und so zu einem möglichen Ziel des Gegners. Bisher gibt es nur in Nähe des Flugplatzes eine kleine Militärkaserne die aber nicht ständig belegt ist.

Ein Hauptargument war aber auch, daß durch den Bau der traditionelle „Camino de la Bajada" unterbrochen wird. Der alte Pfad, der alle vier Jahre stattfindenden Prozession der Inselheiligen „Virgen de los Reyes", von der Kapelle im Süden nach Valverde im Nordosten. Das war selbst den alten Herrenos zu viel, ihren seit Jahrhunderten begangenen Weg zu verlegen.

Es war die Geburtsstunde der Bürgerinitiative „Comision Malpaso" Zahlreiche Protestveranstaltungen und Demonstrationen brachten das Projekt dann zunächst einmal zum einschlafen. Erledigt war es allerdings noch nicht.

Im Jahre 2001 – inzwischen war ja erfolgreich das Raketenprojekt abgewehrt - meldete sich wieder per Dekret das Verteidigungsministerium, das eine neue Station zur Überwachung des Luftraumes auf den Kanaren für absolut notwendig hielt. In abgespeckter Form und mehr auf den zivilen Bereich abgestellt wurde der Bau der Station so begründet:

Um die Sicherheit des Luft- und Seeverkehrs zu garantieren, hält das Verteidigungsministerium eine neue Anlage zur Überwachung und Kontrolle des Luftraumes auf dem Kanarischen Archipel für unbedingt notwendig. Der am besten geeignete Standort befindet sich auf der Insel El Hierro.

Der Hauptzweck dieser Anlage besteht darin, die Luftraumüberwachung in diesem Gebiet zu verbessern und die Sicherheitsbedingungen für Flugzeuge und Schiffe zu erhöhen.Gleichzeitig bedeutet die Anlage eine große Hilfe für den Umweltschutz, weil sie als außergewöhnliche und ständige Beobachtungsstation zur Erkennung von Waldbränden dienen wird. Sie wird zur Unterstützung der Sicherheit des Luftraumes beitragen, ebenso wie zur Überwachung und dem Abfangen von Schiffen, die Drogen oder Schmuggelware transportieren.

Derzeit bestehen in ganz Spanien 13 Anlagen diese Typs, zwei davon auf den Kanarischen Inseln, konkret auf Lanzarote und Gran Canaria. Diese beiden kanarischen Überwachungsstationen sind jedoch nicht ausreichend um die Sicherheit des Luft- und Seeverkehrs zu garantieren.

Das Gebiet ist ein wichtiger neuralgischer Punkt in den Verkehrsverbindungen zwischen Afrika, Südamerika und Europa. Dennoch bestehen bei der Radar-Überwachung der Flugstrecken die den Luftraum durchqueren Bereiche, die von keinerlei Radar-Aufsicht abgedeckt werden.

Die Einrichtung einer zusätzlichen Radarstation wird einerseits eine beträchtliche Zunahme der Sicherheit bedeuten - die Vorbereitungen während der Anflugmanöver auf die Flughäfen von La Palma, La Gomera und El Hierro, wo Zonen ohne Radar-Überwachung bestehen, werden verbessert - gleichzeitig erlaubt sie eine Erhöhung der Flexibilität und Verbesserungen für einen reibungslosen Ablauf des Handelsverkehrs. Die Insel El Hierro wurde als Standort der neuen Radar-Station ausgewählt, weil sie die südwestlichste der Kanaren ist. Auf der Insel selbst wurde der Pico del Malpaso gewählt, weil er die meisten Vorteile bietet, sowohl technisch gesehen, als auch für die Bauarbeiten.

Diese Wahl wurde nach einer ausführlichen Untersuchung anderer Standortmöglichkeiten auf El Hierro getroffen. So hat man auch die Standorte Las Asomadas und Timbarombo untersucht, die besten Voraussetzungen für die Errichtung der Radar-Anlage bietet der Gipfel des Malpaso (1.500 m Höhe).

Verschiedene Studien zeigen, dass unterhalb dieser Höhe "Schattenzonen" entstehen, in denen Radarsignale nicht übermittelt werden können. Darunter die Studie die der "Escuela de Telecomunicaciones" *(Hochschule für Telekommunikation)*, Las Palmas de Gran Canaria, die im Auftrag der "Consejería de Política Territorial del Gobierno de Canarias" *(Ratsversammlung der Regierungen aller Kanarischen Inseln)* durchgeführt wurde.

Die gleiche Studie weist darauf hin, dass der Standort auf dem Malpaso alle Erfordernisse zur Errichtung der Anlage erfüllt, dass keinerlei Probleme für die Sicherheit der Bevölkerung auftreten werden und dass es sich um eine "saubere Einrichtung" handelt, in der weder Abfälle entstehen, noch Gase, Brennstoffe oder andere gefährliche Materialien gelagert werden.

Damit nur minimalste Umweltauswirkungen verursacht werden, wurden die Abmessungen des Bauwerkes auf das nötigste reduziert und die Anlage wird in zwei Teile geteilt: Ein zur Hälfte unterirdisches Gebäude für die elektronische Ausrüstung und als Träger der Hauptantenne, die durch eine Kuppel geschützt wird (der Teil, der die Radarantenne abdeckt), und ein Radioantennen - Feld für die Kommunikation, in seinem Erscheinungsbild ähnlich jeder öffentlichen Sendestation.

Die Wände des Gebäudes werden mit Steinen oder vulkanischem Sand verkleidet, wie sie in der Gegend des Malpaso vorkommen, die Kuppelbau wird in einer ähnlichen Farbe wie der besagte Sand angestrichen. Auf diese Weise wird eine Integration in die natürliche Umgebung erreicht.

Der Zuweg zu dem Gebäude wird dergestalt angelegt, dass er den Weg zum "Santuario de Nuestra Señora de los Reyes" *(die Kapelle der Inselpatronin)*, auf dem alle vier Jahre eine feierliche Wallfahrt begangen wird, nicht beeinträchtigt.

Was hat sich zu den ursprünglichen Plänen von 1986 nun geändert.
Die benötigte Fläche von 70.000 m² wurde auf 3175 m² (5% der alten Fläche)
geschrumpft. Der alte Wahlfahrtweg bleibt erhalten und wird durch eine Brücke

oder ein Tunnel überbrückt.

Werden die Herreno`s sich mit dieser Lösung zufrieden geben?
Nein, der Protest geht bis heute weiter. Eine endgültige Entscheidung ist noch nicht gefallen.

Der versunkene Vulkan – El Golfo

Das Golfotal auf der Nordwestseite ist die beeindruckendste und bunteste Landschaft El Hierros. Karge, steilabfallende Felswände von 1000 m Höhe und eine fruchtbare grüne Tiefebene könnten im Kontrast nicht unterschiedlicher sein.
Die Fahrt ins Golfotal gleicht einer Fahrt ins innere eines Vulkankraters, nur dass die Kraterränder Richtung Meer fehlen. Auf der einen Seite dunkle steil emporragende fast bedrohlich wirkende Gesteinsmassen und auf der anderen Seite, die Meerseite - dunkelblau leuchtender Atlantik.
Irgendwie fühlt man sich in diesem Halbkrater geschützt und geborgen, - wie in Mutters Schoß.
Was ist hier geschehen. Dazu müssen wir um ca. 1 Million Jahre zurück gehen.

Die geologische Vergangenheit
Damals ist El Hierro als jüngste Insel der Kanaren entstanden. Durch vulkanische Aktivitäten auf dem Meeresgrund in 3500 m Tiefe wurde durch ausfließende Lava ein Massiv - der Sockel für El Hierro - aufgebaut. Die ausströmende Lava erreichte den Meeresspiegel und wuchs weiter in die Höhe. Forscher vermuten dass sich bald ein Berg mit einer Höhe von 3-4000 m Höhe

gebildet haben muss. Dieser Vulkanberg stand an der Stelle wo wir heute den Krater El Golfo vorfinden.
Als Vergleich wie mächtig der Vulkan wahrscheinlich aussah, nehmen wir den Vulkan Teide auf der Nachbarinsel Teneriffa.

Pico del Teide (3718m)

Abbruchkante

Durch die Masse und den daraus resultierenden Druck nach allen Seiten des Vulkanmassives entstand eine hohe Instabilität. Unter der Last seines eigenen Gewichts brach der Vulkan schließlich weg und rutschte nach Westen ins Meer, die Seite mit dem geringsten Widerstand.
Auf der Grafik ist der Vorgang bildlich dargestellt.

Dieser Vorgang geschah erst vor 120.000 Jahren wie auch der Direktor des kanarischen Instituts für Vulkanologie, Juan Carlos Carracodo, vermutet. Übrig blieben nur noch die inselinneren Kraterwände.
Bei diesem gigantischen Bergrutsch bewegten sich mehr als 300 km³ Gestein und Geröll in den Atlantik. Um sich das plastisch vorstellen zu können nehmen wir den Vulkan St. Helens in den USA der 1980 ausbrach und über 500 km² Land unter sich begrub. Das waren nur 3 km³ Gestein und Lava.
Der Vulkanrutsch von El Hirro hatte also die 100 fache Volumenmenge.

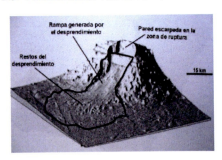
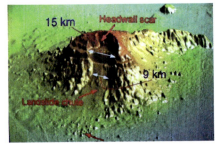

Auf der Grafik ist die Größe und das Ausmaß des Bergrutsches zu sehen. Am

oberen Kraterrand 15 km Breite, unter der Wasserlinie immer noch 9 km. Die Meeresspiegel liegt zwischen den blauen Pfeilen, ungefähr da wo die gelbe Linie verläuft.
Wir sehen dass 2/3 El Hierros unter dem Wasserspiegel liegt und nur die Spitze der Insel sichtbar ist.

Dieser Vorgang dauerte nur wenige Sekunden oder Minuten mit verheerenden Ausmaßen und Folgen.

Nehmen sie einen Eimer voll mit Wasser und werfen einen faustgroßen Stein hinein. Die Folgen kann sich wahrscheinlich jeder selbst ausmalen.

Jetzt stürzen 300 km³ Gestein in den Atlantik und verdrängen die gleiche Menge Meerwasser. Es entsteht eine riesige Welle von mehreren Hundert Meter Höhe, die die Energie des Bergrutsches speichert und sich halbkreisförmig ausbreitet. Ein Tsunami ist entstanden.

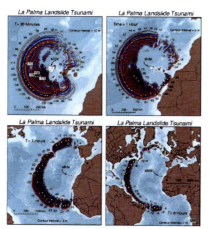
Tsunami Verlauf Richtung Westen

Tsunamiwelle

Diese Tsunami Wellen bewegten sich mit mehrfacher Schallgeschwindigkeit Richtung des amerikanischen Kontinents und trafen noch mit 20-30m hohen Wellen auf das Festland. Die Grafiken entstanden nach einer Theorie des Engländers Dr. Simon Day für die Nachbarinsel La Palma, wo ein ähnlicher Bergrutsch in den nächsten Tausend Jahren erwartet wird.

Die Tsunami Flutwelle traf damals auch die Bahamas und wuchtete dort 10 Tonnen schwere Felsbrocken an Land. Gesteinsuntersuchungen haben sowohl bei der Zusammensetzung der Mineralien und sonstiger Merkmale eindeutig ergeben, dass sie aus El Hierro stammen.

Und so sieht aus der Satellitenperspektive unser El Hierro heute aus. Markant der Kraterkessel – das Golfotal.

Die imposante Talebene

Trotzig in der Brandung, steht am nördlichen Golfotal, in Las Puntas, das ehemals kleinste Hotel der Welt. Das **„Punta Grande"** mit gerade 4 Zimmern. Es wurde allerdings inzwischen im Guinness Buch vom 1. Platz verdrängt. Im

angeschlossenen Restaurant mit tollem Meerblick gibt es fangfrischer Fisch.
Das Essen ist allerdings teuer.
Im Hintergrund vom Meer umspült die „Roques de Salmor" Felsen.

In unmittelbarer Nähe liegt das Erlebnisbad oder wie es hier heißt: Parque Acuatico „Cascadas del Mar".
Das neuerrichtete Schwimmbad erinnert an den Stil von Cesar Manrique, wurde aber von dem Inselarchitekten Jeronimo Padron entworfen. Es liegt in wunderschöner Lage und wenn sie zur richtigen Jahreszeit hier sind, dann blüht die ganze Gegend bis zu den Steilwänden in gelb und rot (Aufnahme rechts oben vom April).

Das Erlebnisbad ist nicht ganzjährig geöffnet, sondern nur in den Ferienzeiten.
Der Eintrittspreis liegt bei 1,50 €. Die Öffnungszeiten täglich von 10-19.00 Uhr.

Neueröffnet wurde im Sommer 2010 ein wunderschöner Spazierweg vom Schwimmbad Cascadas del Mar bis zum Meeresbad La Maceta. Der Weg verläuft durch Lavafelder, vorbei am Mirador del Rio über 2,3 km Länge.
Eingesäumt von kleinen Natursteinmauern läuft man auf imprägnierten Holzpaneelen wie auf Watte.
Alles natürlich auch hier – vom Feinsten.

Die Gesamtbaukosten für das Schwimmbad und die Neugestaltung des gesamten Küstenabschnittes lagen bei rd. 5,5 Mill. Euro. Davon kam wieder ein Großteil der Spenden aus Brüssel.

Es verwundert mich hier auch wieder, dass neben den nur wenige Kilometer entfernt liegenden drei Meeresschwimmbädern (Maceta, Sargos u. Azul) noch ein aufwendiges Erlebnisbad gebraucht wird.
Alles nach dem Motto: „Nicht kleckern sondern klotzen".

La Frontera
Frontera und Tigaday bilden zusammen das gesellschaftliche und wirtschaftliche Zentrum des Golfotales. La Frontera ist seit 1912 als Gemeinde selbständig und hat 3700 Einwohner.

Das markanteste Wahrzeichen der Gemeinde La Frontera ist der auf einem Vulkanhügel freistehende Glockenturm (1695 erbaut) der „Iglesia de la Virgen de Candelaria" malerisch am Hang des El Golfo. Die Kirche und das Pfarrhaus befinden sich an der Basis des Berges.

Iglesia de Candelaria

Kirchenplatz und Lucha Canaria Arena

Früher soll die Glocke des Turmes über ein Schnursystem mit den umliegenden Ortsteilen verbunden gewesen sein. Der Pfarrer konnte so von jedem Pueblo aus auf Distanz zu Festlichkeiten und Fiestas läuten.

Traumhafter Blick Richtung Tal

Gelegenheit zum Entspannen

Ladenpassage

Wochenmarkt

Der Ortskern liegt auf 300 m/ü.M. und ist während der Geschäftszeit lebendig (9-13.00 und 17-20.00). Es gibt alles an Geschäften, Banken, Post, Apotheke und Restaurants.
Das Ort ist sauber und gepflegt und nach neuesten städtebaulichen Gesichtspunkten asphaltiert und zugepflastert. Es kommt leider wenig Atmosphäre rüber.
Erwähnenswert ist der einmal wöchentlich stattfindende Wochenmarkt am Sonntag von 9-13.00 auf der Plaza.

Der Ort **Sabinosa** (320 Einwohner) liegt abgeschieden wie ein Adlerhorst am Südausgang des Golfotales. Er versprüht trotz seiner einsamen Lage vor einer beeindruckenden Bergkulisse Flair und Atmosphäre. Die traditionell weißgekalkten Häuser sind schon aus der Ferne zu sehen.
Alle Wein-, Obst- und Gemüsefelder sind terrassenförmig angelegt und prägen die Landschaft auf besondere Weise.

Der Ortsname kommt von „bosques de Sàbinas" - benannt nach der Wacholder ähnlichen Nadelbaumart Sabinar.

Früher mussten alle die die zum 0-Meridian an El Hierros Westspitze wollten an Sabinosa vorbei. Jetzt hat man die alte Küstenpiste unten asphaltiert und mit einem Mal war das Ende der Welt Sabinosa.

Sabinosa ist das Zentrum der „Artesania" der Handwerkskunst der Insel.
Hier trifft man Korbmacher, Weber und Holzschnitzer.
Seit Generationen werden hier die „Chacaras" die Kastagnetten in Handarbeit aus Maulbeerholz geschnitzt. Die Chacaras, ein Musikinstrument das man eigentlich mehr in Andalusien vermutet, wird auf den Kanaren nur in La Gomera und El Hierro benutzt.

Wenn sie durch die Gassen und Gässchen von Sabinosa schlendern, schauen sie auch mal hinter die nur halb geöffneten Türen. Oft kommt dort eine kleine Werkstatt zum Vorschein.

Auch musikalisch haben die Sabineros einiges drauf. Gleich mehrere traditionelle Folkloregruppen entstammen diesem kleinen Örtchen

Selbst auf meiner Insel La Palma führt seit Jahrzehnten eine Gruppe aus Sabinosa die nur alle 5 Jahre stattfindende Bajada Virgen de las Nieves – unsere Inselheilige auf La Palma – an ... und das soll schon etwas heißen.

Ananas und Bananen – die fruchtbare Talsenke

In den höheren Lagen (150-350m) des Golfotales werden schon seit altersher Nutzpflanzen kultiviert.
Es sind Feigen- und Mandelbäume, Mora = Maulbeere, Papayas, Pfirsich, Orangen und Zitronen, Avocados und der Wein. Pflanzen die mit normalen Wassergaben auskommen.
Erst um 1960 – 1970 wurde der küstennahe Bereich urbar gemacht. Es waren vor allem meine Landsleute aus La Palma die den Herrenos zeigten wie aus öder Lavawüste fruchtbares Land gemacht wird.
Über neu gebohrte Tiefbrunnen erreichte man die Trinkwasserreserven die im Inselsockel vorhanden sind. Die Lavabrocken wurden mühsam zerkleinert und Mutterboden aus der Meseta de Nisdafe Hochebene oft über 25 km von Lastwagenkolonnen über staubige Pisten ins Golfotal gebracht.

Vorbereitung für Ananaskulturen

Bananenstaude

Viele km² Fläche mussten bis zu 80 cm Höhe mit guter Erde aufgefüllt werden. Es war vor allem eine Initiative der damaligen Inselregierung. Private Investoren konnten nicht gefunden werden, da sich kein Herreno vom Erfolg dieser Maßnahme überzeugen ließ, obwohl das Land für nur eine halbe Pesete pro m² angeboten wurde.

Die **Bananenpflanzen** wurden von den Palmeros mitgebracht und es entwickelte sich ein erfolgreicher Bananenanbau.
Um die Bananenstauden vor zu starken Winden zu schützen, wurden die Plantagen unter riesigen Plastikhallen angelegt. Zudem wird auch durch geringere Verdunstung, der Wasserverbrauch reduziert.
1983 konnten bereits 9 Mill. Kilogramm Platanos, wie die Bananen hier genannt wird, geerntet werden. Angespornt durch die Erfolge der Palmeros wagten sich mit der Zeit immer mehr Herrenos selbst an den Anbau von Bananen.

Die Banane kommt ursprünglich aus China und hat über den Umweg Südamerika den Weg auf die Kanaren gefunden. Zurückkehrende Emigranten brachten bereits vor 180 Jahren diese Pflanze auf die kanarischen Inseln. Hauptanbaugebiete sind die Insel La Palma und Teneriffa. La Palma lebt z.B. zu 70% vom Export dieser Frucht.
Fast 99% der erzeugten Bananen gehen nach Festlandspanien.
Die Spanier lieben das kräftige Aroma und das mehr an Süße der kleinen kanarischen Platanos.
Ob sie allerdings auch bereit sind in Zukunft mehr als für die Chiquita & Co. aus Südamerika zu zahlen, wird man noch sehen. Nach meiner Meinung wird über kurz oder lang - der Bananenanbau stark zurückgehen, da wegen Subventionskürzungen der Anbau nicht mehr so lohnend ist und bereits einige Plantagen aufgegeben wurden.

Die zweitwichtigste Frucht ist der Anbau von **Ananas.**
Die Ananasfrucht die ursprünglich aus Südamerika kommt, wird großflächig meist im Freiland angebaut. Es ist nicht die große Tropical Sorte, die jeder aus den Supermärkten kennt, sondern eine süßere kleinere Frucht.
Der Absatz erfolgt meist in den heimischen Gefilden, den Kanarischen Inseln.

Die Anzucht dauert 2 Jahre bis die erste Ananas gepflügt werden kann. Jede Staude kann drei mal abgeerntet werden, wobei der Fruchtertrag von Jahr zu Jahr geringer wird. Dann müssen neue Schösslinge gepflanzt werden.

Daneben sieht man aber auch schon Anpflanzungen von Gemüse – wie Brokkoli, Porree und weiter Gemüsesorten

Diese Felder werden vom Cabildo - der Inselregierung - betrieben und noch als Versuchsanbau deklariert.
Langsam macht man sich also bereits Gedanken was nach einem „Aus" für die Bananen angebaut werden könnte.

Ich habe z.B. nie verstanden warum seit ungefähr 5 Jahren Kartoffeln aus Irland und Israel eingeführt werden müssen. An den Lohnkosten kann es hier sicher nicht liegen. Die Lohnkosten sind dort mit Sicherheit nicht niedriger als

hier, zumal auf den westlichen Kanaren pro Jahr bis zu drei Kartoffelernten möglich sind -
... und die langen Transportwege fallen auch noch weg.
Hier sollte sich die Inselregierung einmal dahinter klemmen und Ursachenforschung betreiben.

Garoe – die wundersame Wasservermehrung

Egal wo man sich auf El Hierro befindet, immer wieder taucht dieser Baum mit den herabfallenden Wassertropfen auf.
Ob auf Lebensmittelverpackungen, als Logo im Firmenschriftzug, auf Werbeprospekten, Straßenschildern oder in Wappen.

Consejo Insular de Aquas

Rathausfenster

Stadtwappen Valverde

Schild an der Plaza

Straßenschild

Keramikteller

Sogar das offizielle Inselwappen von El Hierro zeigt den Baum Garoe. Was hat es damit auf sich ?
Für die Ureinwohner war der Garoe der heilige Baum (Arbol Santo). Er ist heute das Wahrzeichen der Insel.
Die Geschichte des Garoe ist eng verwurzelt mit dem ständigen Wasserproblem El Hierros. Durch den porösen Inselaufbau aus Vulkangestein versickert jeder Niederschlag sofort. Es gibt kaum Sperrschichten wie Lehm oder Ton, der das Wasser zurück hält oder speichert. Aus diesem Grunde sind auch keine Quellen vorhanden. Quellen werden immer von höher liegenden Wasserschichten gespeist.
Die jährliche Niederschlagsmenge auf El Hierro liegt zwischen 300 – 400 l/m² und ist damit am geringsten der drei Westinseln. Auf La Palma fallen z.B. im gleichen Zeitraum 700 – 800 l/m², also mehr als das Doppelte. Warum gibt es auf engstem Raume, La Palma liegt nur 65 km entfernt, so große Unterschiede beim Regenniederschlag ?
Die Inseln werden beständig von dem Nordost Passatwind, der viel Feuchtigkeit enthält, angeströmt. Steht nun dem Passatwind ein Hindernis im Wege, wie

etwa eine hohe Gebirgskette, dann rammeln die feuchten Luftmassen gegen die Berge und können sie nicht überwinden. Die Luftmassen verdichten sich, es bilden sich Wolken und wenn die Wolken schwer genug sind, regnen sie aus.

Die Höhe der Berge ist also der entscheidende Faktor. La Palma hat eine Gebirgskette über die gesamte Länge der Insel von 2000 m und mehr. El Hierro nur eine Hochebene mit 1300 m Höhe. Der höchste Berg „Malpaso" misst gerade 1501 m.

Da die Luftfeuchtigkeit in den Passatwolken sehr hoch ist (60-80%) bildet sich vor allem in der Nacht und am Morgen Kondenswasser, das sich in den Bäumen niederschlägt und auf den Boden abtropft. Je mehr Waldfläche und je größer die Bäume desto mehr Tau und damit Trinkwasser.

Der heilige Baum (Arbol Santo)

Genügend Wasser, das Elixier zum Leben, war immer schon eine Mangelware auf El Hierro. Es gab einen Baum, groß und mächtig, der genau an der richtigen Stelle in der Strömung der Passatwinde stand. Der Untergrund besteht nur in diesem Bereich nicht aus Lava, sondern aus Lehm und Ton. Eine natürliche Sperrschicht die das Wasser an der Oberfläche hält.

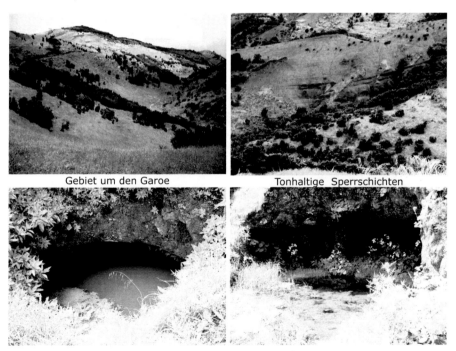

Gebiet um den Garoe | Tonhaltige Sperrschichten

In Vertiefungen und Kuhlen und ausgegrabenen kleinen Becken sammelte sich das Wasser und konnte somit problemlos von den Ureinwohner (Bimbaches) ausgeschöpft und genutzt werden.

Der Wunderbaum **„El Arbol Santo"**, wie er von den Bimbaches genannt wurde, war nach der alten Literatur eine Pappel, eine Linde oder ein Lorbeerbaum. Es taucht immer wieder die Bezeichnung „un tilo – laurens foetens oder laurus foctens" auf, aus dem spanischen übersetzt wäre das eine Linde. Aber „tilo" ist auch eine Unterart der heimischen Lorbeere, der Laurisilva.

Dieser Baum mit einer gewaltigen Krone, hünenhaften Zweigen und kräftigen immergrünen Blättern trug Früchte wie Eicheln. Von diesem riesenhaften Baum tropfte das aus den Passatwolken gemolkene Wasser in darunter aufgestellte Krüge und Schüsseln. Es sollen wohl mehr als 100 Hektoliter Wasser jährlich gewesen sein, das für die Landbevölkerung ausreichte.

Dieser von den Bimbaches verehrte Wunderbaum „Garoe" wurde im April 1610 durch einen Tornado gefällt. Heute steht an gleicher Stelle ein 1949 vom damaligen Leiter der ICONA neu gepflanzter „Garoe" – Lorbeerbaum.
 Eine   schöne Panoramaaufnahme vom neuen Garoe finden sie hier:
http://www.canarias360.com/panoramicas-de-el-hierro/arbol-santo-de-el-hierro.html

Legenden und Sagen

Dieser alte „Garoe" wird als „einmaliges Wunder" oder auch „poetischer Lorbeerbaum" bezeichnet. Es ranken sich um diesen Baum viele Geschichten und Erzählungen so wie diese:

„ Die Tochter Armiches, des letzten Königs der Bimbaches, verliebt sich in einen spanischen Soldaten aus dem Gefolge Jean Bethencourths, des Eroberers der Insel. Die beiden Liebenden vereinbarten einen geheimen Treffpunkt am Rande einer wilden Schlucht über dem Meer im Norden der Insel.
Sie fanden einander schließlich im Morgengrauen am Eingang einer von Grün und dichtem Buschwerk gesäumten Felsengrotte, vor der sich ein wahrhaft gigantischer Baum zum Himmel erhob und von dessen Blättern unaufhörlich kristallklares Wasser tropfte.
Hier vereinigten sich die Königstochter und der Conquistator zum ersten Male. Zwei Tage später erfuhren die Leute Bethencourths indessen von diesem Wunderbaum, und sie umringten ihn voller Staunen und Freude, denn er schenkte ihnen ja das begehrte Manna – Wasser -, um überleben zu können.
Im gleichen Augenblick aber löste sich ein riesiger, roter Lavafelsen über der Grotte und die Königstochter und der junge Conquistator wurden erschlagen, denn sie hatten das Geheimnis des Baumes, den die Eroberer fortan „El Arbol Santo" nannten, preisgegeben. "

oder eine ähnliche weitere Version:

Der Vorläufer des heutigen, vergleichsweise mickrigen Baumes soll 30 m Umfang gehabt haben. Viele Bimbaches habe er vor dem Verdursten gerettet, bis Guarazoca, die Tochter des letzten Stammeshäuptlings Armiche, dem spanischen Kapitän Gonzales de Espinosa verriet, wie diese karge und trockene Insel es schafft, Widerstand zu leisten: Sie zeigte ihm den Geheimnis umwitterten Wunderbaum Garoe. Da tötete ein Steinschlag die Verräterin.

Nach Überlieferungen waren die spanischen Invasoren sogar wegen der

Wasserknappheit und den damit verbundenen katastrophalen Lebensbedingungen bereit, sich von der Insel wieder ganz zurück zuziehen.

Nach dem Wasserfund hatten sie allerdings keine Veranlassung mehr dazu.

Es wurden Wachen in einem Wachhäuschen am Garoe postiert um die Wasserstelle zu sichern. Es gab genaue Zuteilungsquoten an Wasser. Jeder Berechtigte bekam in der Woche 7 Botas (Lederflasche) und die Obrigkeit eine größere Menge zugeteilt.

1957 wurde beim Arbol Santo eine Erinnerungstafel vom Casino Valverde angebracht, der an den alten Garoe erinnert.

Der Garoe befindet sich auf der Hochebene bei San Andres. Von San Andres folgen sie der Straße Richtung Las Montanetas/La Pena bis nach ca. 3 km rechts ein kleiner Parkplatz auftaucht.

Ab hier geht's auf einer beschilderten Piste ca. 6 km weiter bis zum Infohäuschen Garoe. Die rot gestrichelte Linie auf der Karte ist der berühmte Camino de la Virgen (Wallfahrtsweg).
Bei schönem Wetter empfehle ich den Weg ab Parkplatz zu wandern. Sie kommen am Ruinendorf La Albarrada (siehe Kapitel „Mysteriöse Funde") vorbei. Hier lohnt sich ein Abstecher. Für diese Tour sollten sie 3-4 Stunden Zeit einplanen.

Mysteriöse Funde aus der Vorzeit

Wie alle Kanarischen Inseln so wurde auch El Hierro um 2000 vor Christus erst dauerhaft besiedelt. Die Ureinwohner, die Guanchen, werden hier auf El Hierro Bimbaches oder Bimbapes genannt. Die Bimbaches waren kleine Menschen, Männer zwischen 1,50 m und 1,60 m groß. Auf den anderen Kanarischen Insel lag die Körpergröße der Ureinwohner bei 1,70 m bis 1,80 m. Wo sie genau herstammen kann nur vermutet werden. Heute geht man davon aus, dass sie von Nordeuropa über den Umweg Nordafrika von Osten her die Inseln besiedelten. El Hierro als die weiteste Insel wurde nur von einer kleinen Gruppe der Guanchen in Besitz genommen.

Im Jahre 1405 bereits wurde als eine der ersten Inseln El Hierro von den Spanier erobert und unterworfen. Es war der Normannische Ritter Jean de Bethencourth der die Conquistatoren anführte. Viele Bimbaches wurden getötet, die Überlebenden auf den Sklavenmärkten verkauft. Zurück blieben nur einige Frauen und Kinder. Die Eroberer zerstörten fast alle Hinterlassenschaften der Bimbaches. Die alte Kultur sollte für immer ausgelöscht werden.

Bethencourth siedelte aus Festlandspanien kastilische, normannische und flämische Bauern an. Heute gängige Familiennamen auf El Hierro wie Garcia, Perez, Padron oder Delgado stammen von diesen Siedlern.

Ruinendorf El Albarrada

El Albarrada ist wahrscheinlich die älteste Siedlung El Hierros. Chronisten vermuten, dass es die alte Hauptstadt der Insel war. Ob sie bereits von den Bimbaches gegründet wurde oder erst von den spanischen Eroberer, ist unbekannt. Tatsache ist jedoch, dass in der Zeit der Piratenangriffe Dörfer in die Berge verlegt wurden, um Überfälle zu erschweren. Das war auch der Grund warum die heutige Hauptstadt Valverde im feuchten Klima auf 600 m Höhe liegt.

Die Häuser und Ställe wurden in Trockenbauweise errichtet. Daher auch der Name **Albarrada** - „pared de piedra" - Mauern aus Stein. Lehm oder Ton war unbekannt und kaum vorhanden.
Gut zu erkennen sind die ehemaligen Straßen, Wege und die Plaza, der Dorfplatz. Ein wildromantisches, von Feigenkakteen überwuchertes Labyrinth aus Steinmauern.

Die meisten Gebäude hatten ein Satteldach und waren mit Stroh gedeckt. Bei den heutigen Bauten wird meist das Flachdach bevorzugt. Allerdings muss berücksichtigt werden, daß Albarrada auf 1120 m Höhe liegt und die Regenwahrscheinlichkeit und Niederschlagsmenge viel höher, als in tieferen Regionen. Das Dorf bestand aus ca. 100 Häusern und Nebengebäuden.

Bis Ende des 18. Jahrhunderts wurde noch das Dorf als Weiler des nahen San Andres bewohnt und dann aufgegeben.

Zu finden ist das Ruinendorf Albarrada auf der Hochebene „Meseta de Nisdafe" in der Nähe von San Andres.

La Albarrada liegt auf dem halben Weg Richtung Arbol Santo (siehe dortige Beschreibung). Sobald sie den Kiefernwald verlassen haben und an eine Wegkreuzung kommen, liegt das Ruinendorf in ca. 200 m Entfernung auf der rechten Seite. Vom Weg aus ist es schwer zu erkennen, da mannshohe Gewächse die Sicht versperren.

Las Montanetas

Nicht ganz so spektakulär ist das Ruinendorf Las Montanetas ganz in der Nähe an der Straße HI-10 kurz nach der Abzweigung Mirador de La Pena/Guarazoca (siehe X auf der Karte).

Ein Holzschild am Straßenrand kündigt Las Montanetas als „Lugar de interes turistico" - touristisch interessant an.
Diese verfallene Trockenmauersiedlung war noch bis zum 18. Jahrhundert der Hauptort der nördlichen Hochebene. Erese und Guarazoca die etwas tiefer liegen, waren Ortsteile von Las Montanetas. Erst vor 70-80 Jahren siedelten die Bewohner in die tiefer und wärmeren Weiler um. Noch heute werden einzelne Ställe und Gebäude von Las Montanetas genutzt.

In den Ruinen sind sehr gut noch die alten Viehtränken und Stalleinrichtungen zu erkennen. Das Gelände ist schwer zu begehen, da meterhohe Kakteen und andere stachelige Gewächse den Durchgang erschweren.
Pferde und Schafe grasen friedlich auf den umliegenden Weideflächen.

La Guinea

Das Museumsdorf La Guinea – **Ecomuseo de Guinea** – im Golfotal vermittelt einen Eindruck wie die Menschen bis zum 2o. Jahrhundert hier gelebt haben.

Der Name „GUINEA" macht so manchen Betrachter sofort stutzig. Ist Guinea nicht ein Land an der Westküste Afrikas ? Was hat das mit El Hierro zu tun ?

Eine genaue Erklärung für den Namen"Guinea" gibt es nicht. Es wird zum einen vermutet, dass es mit dem Sklavenhandel aus Guinea im 16. und 17. Jahrhundert zu tun hatte und El Hierro als Zwischenstation diente.

Oder als weitere Version wird die englische 1 Guinea Goldmünze Georg III von 1798 angeführt, die von englischen Weinhändlern als Zahlungsmittel zum Aufkauf von Wein eingesetzt wurde. Nicht nur von El Hierro sondern auch von den Nachbarinseln wurde in früheren Zeiten fast die gesamte Ernte der Malvasia Traube (einem Aperitif-Wein) aufgekauft und nach England exportiert.

Wie nun auch dieser für El Hierro untypische Namen entstanden ist, haben an der Stelle des heutigen Guinea früher Bimbaches gelebt. Nicht in Gebäuden sondern in Höhlen. Die Häuser wurden erst von den Conquistatoren an gleicher Stelle errichtet und die vorhandenen Höhlen als kühle Vorratsräume mit eingebunden.

La Guinea war ein Winterdorf und nicht ständig bewohnt. Normal wohnte die Bevölkerung auf der Hochebene um Erese und Guarazoca und kam nur in den Wintermonaten mit der ganzen Familie und den Tieren über den Camino „La Pena" ins Golfotal. Durch die Niederschläge in den Wintermonaten hatte das Vieh auch im Tal genügend Grünfutter.
Wenn es im Sommer wieder zurück auf die Hochebene ging wurden die Häuser und Ländereien verpachtet. Als Gegenleistung bekam der Besitzer einen Teil der erwirtschafteten Erzeugnisse. Es entstand so eine Zwei-Klassen Gesellschaft mit ihrer eigenen Problematik. Erst durch die Auswanderungswelle nach Südamerika pendelte sich dieses Ungleichgewicht wieder ein.

Ab dem 19. Jahrhundert wurde an jedes Haus auch eine Zisterne gebaut, um den Winterniederschlag zu speichern. Die bis dahin genutzten natürlichen zwei Wasserstellen waren ausgetrocknet. Um 1950 wurde das Dorf endgültig aufgegeben.

Das Museumsdorf besteht heute aus 20 renovierten Häusern und spiegelt die

Bauweise und das Leben der Bevölkerung in den vergangenen Jahrhunderten wieder. Recht schön nachgestellt wurde der Dorfkern mit Gebäuden, Ställen, Innenhöfen, bepflanzten Gärten, Wegen und Treppen. Das Innere der Häuser gibt eine Vorstellung mit welch primitiven Gerätschaften zur jeweiligen Zeit gearbeitet wurde.

Der Besuch ist empfehlenswert und auch für Familien mit Kindern interessant.

Näheres zur Anfahrt und den Öffnungszeiten im Kapitel „ Die Riesenechsen von El Hierro"

Botschaften der Ureinwohner

Auch schriftliche Zeitzeugen haben uns die Bimbaches hinterlassen. Felszeichnungen oder korrekter Felsritzungen finden sich an vielen Stellen El Hierros. Da den Bimbaches Metall bis zum Einmarsch der Spanier unbekannt war, wurden die Felsritzungen mit einem härteren Material als der Untergrund, ausgeführt. Wahrscheinlich verwendeten sie harte Steinsplitter für ihre Kunstwerke.

Meist sind es spiralförmige Kreise die den Lebensverlauf oder den Kosmos darstellen könnten. Bisher war noch niemand in der Lage die Symbolik oder

die Bedeutung dieser Zeichnungen schlüssig zu deuten. Vielleicht sind es Nachrichten, göttliche Symbole oder einfach nur Spielereien der Vorfahren. Diese Felsbilder wurden auf allen Kanarischen Inseln gefunden und befinden sich an schwer zugänglichen Stellen. Oft sind es vor Regen geschützte Felsüberhänge unter denen die Zeichnungen noch gut erhalten sind.
In früheren Jahren wurde die historische Bedeutung der Bilder nicht erkannt. Steine wurden als Baumaterial für Häuser und Mauern herausgeschlagen oder aus anderen Beweggründen einfach vernichtet. Seit einigen Jahrzehnten werden die bekannten Fundstellen geschützt und sind zum Teil nur noch mit einem offiziellen Führer zu besichtigen.
Besonders viele Felsbilder sind im südwestlichen El Julan Gebiet in Los Numeros und Los Letreros zu finden.
Ein Informationszentrum „Centro de Visitantes de El Julan" informiert über die Vorgeschichte. Geöffnet ist das Zentrum von 10 – 17 Uhr. Die Wanderung (8 km) zu den Felsinschriften und Opferungsstätten ist nur noch mit Führer möglich und dauert 4 Stunden

Daneben gibt es noch einige weiter Fundstellen in Tejeleita, La Caleta und Barranco del Cuervo in Nähe des Hafens Puerto de la Estaca auf der Nordost Seite der Insel.
Südlich von Taibique finden sich auf einem Acker von 50x50 m unzählige Schalen von Meerestieren, vermischt mit bemusterten und bemalten Tonscherben und Basaltabschlägen.

In der Nähe eine alte Wohnhöhle. Das war ein Bimbaches Versammlungsplatz, ein sogenannter „Conchero", wo die Ureinwohner in großen Mengen Lapas (Muschelart) verspeisten.
Auch 5 km nördlich von Restinga habe ich inmitten der unwirtlichen Lavawüste

Concheros gefunden.

Beim Durchstreifen der Insel entdeckt man immer wieder sonderbare Monumente die nicht zuzuordnen sind. Wie dieser Steinkreis beim Faro Orchilla oder der mächtige Beton-Monolith bei Restinga, der aber mit Sicherheit nicht von den Guanchen stammt.

Steinkreis Orchilla

Moderner Monolith Restinga

Von was leben eigentlich die Herrenos ?

Wenn man längere Zeit auf der Insel verweilt stellt sich irgendwann unwillkürlich die Frage:

„Von was leben eigentlich die Inselbewohner"

Der Tourismus kann's nicht sein !
Dafür sind zu wenig Gäste auf der Insel. Der Flugplatz ist zu klein für Düsenjets. Also kaum Touristen aus fernen Ländern.
Das Angebot an Hotels, Pensionen und Ferienhäuser ist dürftig.

Es ist keine Industrie vorhanden
Auch keine größeren Gewerbe oder Handelsbetriebe. Es gibt außer einigen wenigen Supermärkten nur kleine Geschäfte, Versicherungsbüros, Ferreterias (Krämerladen) und natürlich Banken. In früheren Jahren gab es noch einige mittelgroße Baufirmen, die aber inzwischen pleite sind oder ihr Personal drastisch reduzieren mussten. Seit dem Platzen der Baublase vor drei Jahren, blieben auch hier private Bauaufträge aus.

Bodenschätze sind nicht vorhanden
Aus dem Boden ihrer Insel können die Herrenos auch keine großen Schätze bergen. Das Vulkangestein ist arm an Mineralien. Man sieht hin und wieder Sandgruben in denen der schwarze Inselsand abgebaut wird. Auch die gebrochene Steine in den Steinbrüchen sind kein Exportschlager.

Die Wald- und Forstwirtschaft ist gering
Es gibt auf El Hierro wohl größere Baum- und Waldbestände. Viele Baumsorten stehen unter Naturschutz und dürfen nicht gefällt werden. Das hier geernteten Holz wird nur für den eigenen Bedarf eingesetzt. Ob als Bauholz, für Mobiliar oder zum Heizen.

Aber das Meer hat doch einiges zu bieten ?
Wenn man nicht gerade die Schatzkiste eines in früheren Jahrhunderten gesunkenen Piratenschiffes entdeckt, sind die Schätze die das Meer zu bieten hat, auch nicht geeignet Reichtum anzuhäufen. Die Fischbestände vor den Küsten El Hierros gelten wohl als die artenreichsten der kanarischen Inseln. Fisch wird nicht exportiert. Es gibt noch einige Berufsfischer in Restinga und im Nordosten der Insel.

Von was leben denn dann die Bewohner der Insel El Hierro ?
Dies habe ich mich auch oft gefragt. Dem äußeren Anschein nach geht es ihnen gut. Zumindest der Großteil der Bevölkerung fährt ein eigenes Auto, besitzt ein Handy und viele nennen ein Haus ihr eigen. Drumherum etwas Garten und vielleicht am Ortsrand noch ein Feld.

Grundsätzlich muss man wissen, dass auf den Kanaren Wohneigentum weit mehr verbreitet ist als in Deutschland. In Deutschland besitzen rund 30 % eine eigene Wohnung oder ein Haus. Auf den Kanaren liegt diese Quote bei 70 %. Das Haus wurde von den Eltern oder der Tante geerbt und nach und nach je nach Bedarf um- bzw. ausgebaut. Natürlich wird hier mit einfachen Mitteln ohne große optische Akzente setzen zu wollen drauf los gebaut. Eine Heizung oder gar eine Zentralheizung ist hier unbekannt. Wenn schon geheizt werden muss, dann meist mit Gas – oder Holzofen. Brennmaterial steht ja genügend zur Verfügung.

Auch ist man es nicht gewohnt im Haus immer eine gleich bleibende Temperatur von 19 oder 20° zu haben. Ein dicker Pullover oder einen Schluck aus der Rumflasche tut es auch. Die Nachttemperaturen können auf El Hierro, vor allem in den Bergen bis auf +8° und tiefer fallen. Auch das Dämmen der Gebäude mit Isoliermaterial oder Isoglas ist ein Fremdwort.

Viele Häuser haben Flachdächer – im Sommer praktisch als Terrasse oder Wäschetrockenplatz zu nutzen – bei Starkregen allerdings problematisch. Durch die großen Temperaturunterschiede entstehen im Laufe der Zeit Risse in der Decke mit all seinen Folgen bei Regen. Alle 3 - 4 Jahre muss dieses Flachdach mit einer Spezialfarbe frisch gestrichen werden. Trotzdem kenne ich auch auf La Palma kaum ein Haus das 100 % regendicht ist.

Auch auf El Hierro gilt die Maxime und der primäre Wunsch nach den eigenen vier Wänden. Es reicht etwas Einfaches - aber das ist mein Eigen.

An zweiter Stelle steht das Handy, hier heißt es – Movil.
Seit Beginn der Handy Ära vor gut 15 Jahren, hat auch auf El Hierro das mobile Telefonieren Einzug gehalten. Inzwischen ist fast von jedem Punkt der Insel das Telefonieren damit möglich. Fast jede Familie hat mindestens ein Handy. Ich habe erlebt das so mancher Herreno mehrere dieser Dinger besitzt. Eines vielleicht für Gespräche mit der Familie, das andere für die Geschäfte und noch eines für Gespräche mit der Freundin. Auch die Jugend ist damit ausgestattet. Es stellt heute auch hier ein Imagesymbol für die Kids dar. Jede Kleinigkeit wird sofort per SMS dem Freund oder Freundin mitgeteilt. Viele Familien besitzen keinen Festnetzanschluss und wickeln daher ihre Gespräche mobil ab. Festnetzanschlüsse sind hier teuer und viele Häuser, vor allem auf dem Lande, nicht leitungsmäßig verbunden. Die Handymanie hat ihren Preis und stellt vor allem bei der Jugend ein Problem dar

An dritter Stelle kommt das eigene Auto. Fast jede Familie besitzt heute einen fahrbaren Untersatz. Meist sind es Pick-up die Platz für die gesamte Familie bieten und auch in der Landwirtschaft einzusetzen sind. Vorne in der Fahrgastzelle die sechsköpfige Familie mit Hund und dahinter auf der Ladefläche Ziegen, Schafe oder Düngersäcke. Man ist mobil und das ist das wichtigste.

Mit der Anschnallpflicht wird es nicht so genau genommen. Oft turnen während der Fahrt die Kinder zwischen Fahrer und Beifahrer umher. Auch hier gilt, wie im restlichen Spanien, die Anschnallpflicht.

Die Spritpreise liegen auf den Kanaren rund 30-40 % unter dem deutschen Benzinpreis. Der PKW wird immer benutzt, auch für kurze Strecken die man locker zu Fuß bewältigen könnte. Seit das Auto für den Herreno Einzug gehalten hat, ist an Laufen oder gar Wandern nicht mehr zu denken. Für alle Erledigungen wird mit der Karre bis vor die Haustüre gefahren.
Das vor allem bei den deutschen Gästen beliebte Wandern, ruft oft bei den Herrenos nur ein Kopfschütteln hervor. Ist doch diese Strecke auch mit dem PKW zu bewältigen.

Erst an vierter Stelle kommt dann die eigene Frau. Wenn die drei ersten Positionen erfüllt sind ist erst an eine Heirat zu denken. So oder so ähnlich, denkt heute ein Herreno.

Bietet die Landwirtschaft noch eine Existenzgrundlage ?

Über Jahrhunderte sicherte die Landwirtschaft das Überleben der Herrenos. Mit den eigenen Händen wurde oft mühsam dem Boden das tägliche Brot abgerungen. Dürre und Ernteausfälle zwangen mehrfach die Insulaner ihre Insel zu verlassen und zu emigrieren.
Durch den plötzlichen Sprung in die Zukunft und die ganzen Aspekte der vielgepriesenen Globalisierung hat sich auch in der insularen Landwirtschaft einiges geändert.

Die Viehwirtschaft
Vor allem auf der Hochebene, der Meseta de Nisdafe, wird traditionell Viehwirtschaft betrieben. Gezüchtet werden Rinder, Kühe, Pferde, Schweine, Ziegen und Schafe. Auch Kleintiere wie Hühner und Kaninchen sind häufig anzutreffen.
Aufgrund der Niederschläge und der hohen Luftfeuchtigkeit findet man im Raum um San Andres, Isora bis El Pinar grüne saftige Weideflächen vor. Die Weiden werden begrenzt durch aufgesetzte Natursteinmauern, die sich kilometerweit dahinziehen. Zum einen wird durch diese Mauern das Eigentum abgegrenzt und zum zweiten dem Vieh seine Grenzen aufgezeigt. Oft hängen hier in dieser Hochebene, meist ab Mittag, Nebel und Wolkenschleier.
Die ganze Landschaft, die ich sehr liebe, erinnert mich an meinen Irland Aufenthalt. Wenn Sie die Hochebenen besuchen wollen, empfehle ich einen Tag auszusuchen der ziemlich wolkenfrei ist. Starten Sie bitte am frühen Morgen, da bei Sonnenschein die Landschaft viel freundlicher aussieht.

Die Herrenos galten von alters her schon als faire Geschäftspartner. Auf sie konnte man sich verlassen. Auch heute gelten sie noch als unverdorben. Ihr gezüchtetes Vieh wird kanarenweit vertrieben.
In San Andres entstand in den letzten Jahren eine Art Zentrum für Pferde- und Viehzucht. Hier hat man mit großem Aufwand eine Trabrennbahn mit Stallungen und einen neuen Platz für den Viehmarkt erbaut.

Die Produkte der Viehwirtschaft – vor allem die Milch – wird in der Regel zu Käse verarbeitet. Hier entsteht ein sehr schmackhafter Käse aus Kuhmilch, Ziegenkäse und der würzige Schafskäse. Auch werden diese Milchsorten vermischt und daraus steht dann ein raffinierter Mischkäse.

Da es sich hier um Rohmilchkäse handelt, dessen Haltbarkeit begrenzt ist, wird er noch geräuchert. Dadurch kann man seine Haltbarkeit um einige Zeit verlängern. Durch den Räuchervorgang bekommt der Käse geschmacklich noch das i Tüpfelchen oben drauf.
Käse aus El Hierro verkauft sich auf allen kanarischen Inseln gut. In Festland Spanien oder gar in Deutschland werden sie vergebens nach diesem Käse suchen.

Der Ackerbau
Obwohl gerade in der Hochebene von El Hierro fruchtbare Böden vorhanden sind, wird nur noch vereinzelt Ackerbau betrieben. Angebaut wird etwas Getreide, Kartoffeln und Futtermittel für das Vieh. Aufgrund der Knappheit an Oberflächenwasser, wurde auch in der Vergangenheit nur Trockenfeldbau betrieben. In den siebziger Jahren wurde Getreide auf über 50 % der genutzten landwirtschaftlichen Fläche El Hierros angebaut. Heute ist der Getreideanbau fast ganz verschwunden.

Der Weinanbau gewinnt wieder in letzter Zeit an Bedeutung. Auf den sonst nicht nutzbaren Lavahalden lässt sich nur Wein anbauen. Durch sein langes Wurzelwerk kann der Rebstock noch in großen Tiefen Feuchtigkeit ansaugen.

In früheren Jahrhunderten wurde meist die Rebsorte Malvasia angebaut und exportiert. England war damals förmlich wild auf diese süße Weinsorte. Malvasia wurde als Aperitif getrunken. Eine Pilzkrankheit vernichtete im 18. Jahrhundert fasst die kompletten Rebbestände.
Von nun an verließ kaum mehr eine Flasche die Insel. Das was an Wein noch erzeugt wurde, reichte gerade noch für die Inselbewohner aus.
Durch Förderprogramme der Inselregierung und den Anbau von weiteren Rebsorten entstand ein guter und würziger Wein, der sich angenehm trinken lässt. Man hofft in den kommenden Jahren auch wieder in etwas größerem Ausmaß Wein exportieren zu können. Zurzeit wird der El Hierro Wein nur auf den kanarischen Inseln angeboten. Für meine Begriffe ist der zur Zeit verlangte Flaschenpreis von 7,50 € zu hoch und damit nicht exportfähig. Vergleichbarer Wein aus Palma kostet um die 4,50 € die Flasche (0,75 l).

Seit altersher werden auf den Hochterrassen Feigen, Aprikosen, Mandeln, Pfirsiche und Maulbeeren angebaut. Auch werden in jüngerer Zeit Äpfel und Pflaumen geerntet. Die Menge reicht gerade für den Inselbedarf aus.

In den sechziger Jahren des letzten Jahrhunderts haben Bauern aus La Palma im Golfotal große unfruchtbare Lavaflächen günstig erworben. Durch das

Auffüllen dieser Lavaflächen mit Ackerboden aus der Hochebene entstand fruchtbares Ackerland. Über 50 km² Lavaschlacke musste mit primitiven Maschinen zerkleinert werden. Mit LKWs holte man oft aus 30 km Entfernung über schlechte Pisten gute Erde von der Hochebene zum Golf. 70-90 cm hoch wurde die zerkleinerte Lavaschlacke damit aufgefüllt. Durch den Bau von Tiefbrunnen auf genossenschaftlicher Basis, holte man aus dem Inselsockel Süßwasser an die Oberfläche. Für die damalige Zeit war dies eine Pionierleistung. Es wurde mit dem Anbau von Bananen und später mit Ananas begonnen. Unter großen Plastikzelten werden diese Früchte kultiviert. Zum einen um den Wasserverbrauch zu reduzieren aber viel wichtiger noch um den Wind von den Pflanzen fern zu halten. Beim Betrachten kein allzu schöner Anblick, aber heute die übliche Anbaumethode auf den Kanaren. Diese Produkte lassen sich gewinnbringend in Festland Spanien vermarkten. Üppige Zuschüsse aus der Kasse von Brüssel und ein begrenztes Einfuhrverbot von lateinamerikanischen Bananen, sichert den Absatz.
Die Bauern von La Palma haben damit bewiesen, dass karges Lavagebiet in fruchtbares Ackerland verwandelt werden kann.

Wegen dieser Pioniertat wurden sie von den Herrenos bewundert und beneidet. Die Inselbewohner erwarben nun selbst unfruchtbares Land, - bei inzwischen gestiegenen Bodenpreisen – und ahmten das den Palmeros nach.
Als Dank wurde den Palmeros ein eigener Tag – eine Fiesta -, die „ La Fiesta de los Camineros y Palmeros" gewidmet. Diese Fiesta wird im Golfo Tal in der Zeit vom 1. August – 5. August gefeiert.

Nachdem inzwischen der Export der Bananen, wegen fallender Subventionen, nicht mehr lohnend ist werden im Golfo Tal Felder aufgegeben. Diese ehemaligen Bananenplantagen liegen nun brach da.

Wurden in der Vergangenheit selbst erzeugte Produkte von der Insel gehandelt und verbraucht, findet man heute Äpfel aus Südtirol, Orangen aus Andalusien oder Fleisch aus Brasilien vor. Die ganze Palette eines modernen Supermarktes ... schöne neue Welt.

Geld aus Südamerika

Erst nach beharrlichem Nachfragen erfährt man, dass es doch Kapitalrückflüsse aus Südamerika gibt. So bringt die Jahrhunderte lange Auswanderung, die Folge der großen Armut der Insel war, nun Geld zurück auf die Insel El Hierro.

Viele Auswanderer der fünfziger und sechziger Jahren des letzten Jahrhunderts brachten es in Venezuela, Argentinien und Kuba zu Wohlstand. Politische Instabilität und die Zunahme der Kriminalität vor allem in Venezuela veranlasst und veranlasste viele ehemalige Emigranten zur Rückkehr auf ihre Insel. Auch sind mir Fälle bekannt dass noch in Venezuela lebenden Herrenos Kapital nicht mehr in Venezuela sondern in ihrer alten Heimat investieren.

Die Emigranten haben in Südamerika vor allem in der Viehzucht und dem Ackerbau Geld gemacht. So hatte zum Beispiel Antonio in Venezuela riesige Reisfelder angelegt. Auf Fotos zeigte er mir seine Kulturen die sich Kilometer weit erstreckten. Er gründete dort eine Familie nahm eine Einheimische zur Frau, alle seine fünf Kinder wurden dort geboren und kehrte nun mit Familie nach 38 Jahren in seine alte Heimat zurück. Die zunehmende Korruption und Erpressung waren seine Gründe – wie Antonio anfügte.
Auf vorhandenem Land baute er sich in El Hierro ein großes Haus und ein Restaurant für die inzwischen erwachsenen Kinder.
Mit ihm ist sein Bruder und zwei Schwestern seiner Frau ebenfalls auf die Insel gekommen. Er sei sehr glücklich nach langer Abwesenheit hier wieder leben zu dürfen.

Heute hat jede Familie auf El Hierro einen Kontakt Richtung Südamerika. Ob Bruder, Schwester, Tante oder Onkel – einer davon lebt noch in Südamerika.

Südamerika – vor allem Venezuela – wird auch als achte kanarische Insel bezeichnet. Nicht nur Geld, sondern Wortschöpfungen die im spanischen nicht zu finden sind haben Einzug gehalten. Zum Beispiel das Wort „Guagua" für Autobus oder „Platanos" für Bananen. Auch in der Musik sind viele Weisen wie Salsa oder Merengue heute fester Bestandteil bei den Fiestas.

Wenn da nicht die Subventionen wären ...

dann würde es auf El Hierro heute ganz anderst aussehen. Keine neuen Teerstraßen die inzwischen fast die ganze Insel erschließen, kein Flugplatz, kein moderner Schiffshafen, keine prunkvollen Miradore und vieles mehr.

Nicht das El Hierro dann verhungert wäre, nein es würde sich weiter im Dornröschenschlaf der vergangenen Jahrhunderte befinden. Schon immer verstanden es die Herrenos als Bittsteller und ärmste Insel des Archipels Hilfen und Unterstützungen zu erhalten. Sie waren es gewohnt mit dem wenigen das Sie haben zu leben. Tauschhandel war an der Tagesordnung. Jeder hatte ein Stückchen Land auf dem Gemüse und Obst angebaut wurde. Eine Ziege oder Kuh lieferte die tägliche Milch aus der man auch Käse herstellte und um das Haus flatterte das Federvieh das für den Eier Nachschub sorgte. Vielleicht noch ein paar Weinreben und das reichte zum Leben.

Erst der Beitritt Spaniens in die europäische Gemeinschaft brachte das große Geld auf die Inseln. Über den Kohäsionsfond sprudelten von 1989 bis 2006 fast 5 Milliarden Euro auf die Inseln. Und das ist nur ein Selbstbedienungsfond. El Hierro und die anderen sechs kanarischen Inseln profitierten sogar in doppelter Form. Durch die abgeschiedene Lage vom spanischen Mutterland öffneten sich in Brüssel zusätzliche Geldtöpfe. El Hierro liegt rund 1600 km vom spanischen Festland entfernt. Um diese geographischen Nachteile auszugleichen bekamen die Kanaren einen Sonderstatus innerhalb der EU. Geographisch gehören die

Kanaren zu Afrika und politisch zu Spanien, also zu Europa.

Die Kanaren wurden eine Art Freihandelszone in der andere Steuer und Zollvorschriften gelten. Sie beträgt die Mehrwertsteuer hier 5 %, in Festland Spanien dagegen aber 16 bzw. bald 19 %. Zollrechtlich werden die kanarischen Inseln wie ein **Nicht EU Mitgliedsland** behandelt.

Auf El Hierro denkt man egoistisch. Erst kommt unsere Insel, dann der Rest der kanarischen Inseln und ganz weit entfernt vielleicht noch Festland Spanien.

Als einzige kanarische Insel wird El Hierro von einer Inselpartei, der Agrupacion herrena independiente (AHI) , regiert. Diese Gruppierung verstand es und versteht es - nur zum Wohle El Hierros zu wirken. Interessen der anderen Inseln sind weitgehend Nebensache. Diese politische Ausrichtung verstehen und lieben die Herrenos und haben sie zum wiederholten Male als Regierungspartei, in das Cabildo gewählt. Zum Mutterland Spanien hat man eine zwiespältige Einstellung und wehrt sich gegen die Dominanz der Zentralgewalt aus Madrid.
So habe ich oft erlebt, dass Touristen aus Festland Spanien als „Extranjeros" Ausländer bezeichnet werden. Eine Bezeichnung und Einschätzung die man übrigens auch auf den Nachbarinseln erleben kann.

Diese Ansicht und das Bestreben der kanarischen Inseln mehr Selbstständigkeit zu erhalten, veranlasste die Zentralregierung in Madrid großzügig den Kanaren Zuschüsse und Gelder zu überweisen. Mit allen Mitteln möchte man verhindern das die Kanaren abtrünnig werden. Bereits in den siebziger Jahren gestand man den Kanaren Autonomie zu. Diese Selbstverwaltung wurde vom Gobierno de Canaris (Gesamt Kanarische Regierung) durch eigene Gesetze und Verordnungen voll ausgenutzt. Auch sieht Madrid über so manche Unzulänglichkeit großzügig hinweg. So sind zum Beispiel spanienweit Hahnenkämpfe verboten, auf den Kanaren aber geduldet. Auch bei der Ausgabenpolitik der umfangreichen Subventionen fehlt die Kontrolle und es wird so manches Auge zugedrückt

Die Guardia Civil, eine spanienweite Polizeieinheit die auch auf den Kanaren über die Einhaltung der spanischen Gesetze zu achten hat, wurde während der Franco-Ära nur mit Beamten aus Festland Spanien besetzt. Dies hat sich inzwischen geändert. Auch Canarios können inzwischen in diese Polizeieinheit eintreten.
Zu weit ging es jedoch der Zentralregierung in Madrid, als 2009 die Kanarische Regierung beschloss, eine eigene " Policia Autonomica Canaria" aufzubauen. Keine Geldmittel aus Madrid durften dafür eingesetzt werden und sie wurde auch nicht mit hoheitlichen Aufgaben bedacht. Diese Einheit steht nun allerdings ohne Aufgabenbereich da. Es bleibt abzuwarten was für die Policia Canaria vielleicht doch noch an Aufgaben abfällt. Etwas wird man schon finden und wenn man es neu schaffen muss
- z.B. der Schutz der endemischen Sabinar Bäume vor den räuberischen

nordeuropäischen Borkenkäfer oder so ähnlich.

Diese Freiheit verleitet genauso mit zugeteilten Subventionen umzugehen. Man holt aus den Kassen von Brüssel die höchst mögliche Subventionssumme – verbaut das Geld – und überlegt sich dann erst ob man dieses Projekt überhaupt benötigt.

Auf El Hierro scheinen viele mit Subvention geförderte Projekte eine Nummer zu groß für die kleine Insel zu sein. Das ist zumindest mein Eindruck. Für wenige Autos autobahnähnliche Straßen, einen riesigen neuen Hafen in dem auch Kreuzfahrtschiffe anlegen können, übergroße Miradore die gleichzeitig mehr als 200 Menschen fassen können, ein wunderschönes aufwendig gebautes Erlebnisbad im Golfotal mit höchstens 20 Besuchern am Tage und das nur in den Ferienmonaten (das restliche Jahr ist geschlossen) oder ein Kongresszentrum am Mirador La Pena in dem wahrscheinlich niemals ein Kongress tagen wird. Oder das neue Viehmarktgelände in San Andres, wo nur einmal im Jahr ein Viehmarkt stattfindet. Diese Aufzählung ließe sich beliebig noch fortsetzen.

Viehmarktgelände San Andres	Pferdeboxen

Ich stehe immer mit zwiespältigen Gefühlen vor diesen Objekten.
Zum einen bewundere ich die Schaffenskraft, die Liebe zum Detail und das einmalige vor atemberaubendem Kulisse.
Zum Zweiten lässt es mich erschaudern wie verschwenderisch mit öffentlichen Geldern umgegangen wird. Gelder die woanders erst einmal verdient werden mussten und vielleicht sinnvoller woanders eingesetzt worden wären.

Die ganze Subventionspolitik der EU verleitet ein Mitgliedsland gerade dazu das Geld mit vollen Händen auszugeben, um nicht zu sagen hinaus zuwerfen.
Von den 134 Milliarden Euro des EU-Budget 2009 fließt der Hauptteil nach Spanien.
Die EU subventioniert zum Beispiel die Aufzucht von Kampfstieren in freier Haltung mit 220 € pro Stier oder die Ausrichter von kommerziellen Wettrennen von Windhunden mit jährlich 25 Mill. €.

Bis Ende 2009 wurde noch der Tabakanbau subventioniert, obwohl Millionen für die Werbung gegen das Rauchen eingesetzt werden. Dieser Irrsinn hat inzwischen ein Ende, allerdings mit dem Beigeschmack das 50 % der bisherigen Subventionen als so genannte „pauschale Einkommenshilfe" an die Landwirte weiterfließt.

Viele Objekte werden zu 50 % und mehr von Brüssel finanziert. Madrid gibt hier nochmals 30-40 % dazu. Unter dem Strich bleiben dann höchstens noch 10 % der Investitionssumme für die Insel zu finanzieren.

Nach diesem Finanzierungsmodell wurden nicht nur auf El Hierro sondern auf allen kanarischen Inseln Millionen- Projekte errichtet. An die späteren Unterhaltskosten hat man zunächst nicht gedacht.
Fehlende Kontrolle der Geldgeber sind die Hauptursache für diese Verschwendung.

Damit mich niemand falsch versteht zur Klarstellung: ich gönne von Herzen allen Herrenos ihre großartigen Objekte die sie mit viel Liebe, Aufwand und Einmaligkeit erstellt haben.
Ich gratuliere auch der Insel Regierung von El Hierro dass sie es geschafft hat,

soviel Subventionen wie möglich auf ihre herrliche Insel zu holen.

Die rege Bautätigkeit hat auch neue Arbeitsplätze für Herrenos geschaffen, die allerdings inzwischen wieder weitgehendst wegrationalisiert wurden.

Das war Vergangenheit, die Zukunft wird sicher ganz anderst aussehen. Die europäischen Kassen befinden sich in einer Konsolidierungsphase wie es so schön heißt – es muss drastisch gespart werden. Nach El Hierro wird von Brüssel aus nur noch begrenzt Geld fließen, da die Insel inzwischen auch EU Standard erreicht hat.

Durch das Platzen der Baublase in Spanien und die internationale Wirtschaftskrise, ist Spanien inzwischen fast pleite. Großzügige Zuwendungen aus Madrid an die Kanaren wie in der Vergangenheit werden in Zukunft Seltenheitswert haben.

Was bleibt das ist die große Frage?

Versäumt wurde in den letzten 10 Boomjahren zukunftsweisende Betriebe anzusiedeln. Betriebe die auch in Zukunft Geld und Steuern abwerfen. Keine umweltschädlichen Betriebe sondern Betriebe der alternativen Energiegewinnung, Chipherstellung, Internetdienstleister oder in der Landwirtschaft mit dem Anbau und der Zucht neuer Gemüse und Früchtesorten.

Zukunftsweisend und als Meilenstein in der Energieversorgung sehe ich ein bereits im Bau befindliches Projekt das in einigen Jahren El Hierro zu 100 % mit sauberer eigener Energie versorgen soll. Näheres dazu habe ich unter Kapitel „Das Perpetuum Mobile" ausgeführt.

Der Bananenanbau wird über kurz oder lang sowieso auslaufen, da die Subventionen gekürzt beziehungsweise ganz gestrichen werden. Wer ist als Verbraucher dann noch bereit für 1 kg kanarische Bananen einen Euro mehr auszugeben.
Unbestritten schmecken die kleinen kanarischen Bananen besser, haben einen höheren Fruchtzuckergehalt und mehr Aroma als die südamerikanischen Bananen.
Allerdings liegen die Produktionskosten mit 0,36 €/Kg zu 0,04 €/Kg in Südamerika um ein Vielfaches höher. Auch der hohe Wasserverbrauch von 600-700 l/Kilogramm macht diese Pflanze für eine trockene Insel nicht gerade zum Renner.
Mit EU Subventionen war die Vermarktung bisher kein Problem. Die EU zahlt selbst für die Vernichtung von 1 kg Bananen 0,35 €. Gerade in den Sommermonaten ist die Überproduktion groß, so dass viele Tonnen Bananen auf der Müllhalte entsorgt werden. In meinen Augen ist das Irrsinn und Lebensmittelvernichtung pur und gehört wie so manch anderer EU-Unsinn geächtet und verboten.

Sollte man doch an die Zukunft der kanarischen Banane glauben, dann geht das nur über die Qualität und biologischen Anbau. Dann ist vielleicht der Endverbraucher auch bereit einige Groschen mehr zu zahlen.

Von großen Straßen und wunderschönen Miradoren kann El Hierro nicht leben. Massentourismus ist auf El Hierro unerwünscht und von den örtlichen Gegebenheiten auch nicht möglich – Gott sei Dank.

Von den wenigen Individualtouristen kann die Insel auch in Zukunft nicht leben. Er stellt höchstens ein Zubrot dar. Da auch Nordeuropa den Gürtel enger schnallen muss wird so mancher Urlauber seinen Geldbeutel weiter bei der Auswahl des Reisezieles sprechen lassen. El Hierro hat hier schlechte Karten.

Positiv ist anzumerken, dass El Hierro aus den Fehlern der anderen kanarischen Inseln gelernt hat und nicht nur auf den Tourismus setzt. Der Starrsinn der Insulaner wird irgendwann Früchte tragen. El Hierro ist und bleibt ein Paradies.

Sicher wird man sich wieder der alten Tugenden erinnern und mehr Selbstbewirtschaftung betreiben. Eigener Gemüse- und Obstanbau im Garten und Hühner und Ziegen hinter dem Haus. Schnell wird man merken, dass Handy und Auto und so mancher anderer Luxus nur viel Geld kosten und im Grunde nicht zum Leben gebraucht wird.

Genuss und Überraschendes

Grundsätzlich hat die kanarische Küche wenig für Gourmets zu bieten. Nicht vergleichbar mit der französischen oder italienischen Haut Cuisine.
Es wird deftige Hausmannskost - würzig und schmackhaft, angeboten.
Eintöpfe, Fleisch- und Fischgerichte und immer dabei die „Papas arugadas", die Runzelkartöffelchen mit Mojo-Sosse.

Quesadillas - die süße Verführung

Eine Spezialität von El Hierro sind die Quesadillas. Die Menschen hier sind verrückt nach dieser Süßigkeit.
Nach jedem guten Essen oder auch zwischen den Mahlzeiten wird Quesadilla gereicht. Nirgendwo auf den Kanaren wird pro Kopf mehr Kuchen gegessen als auf El Hierro.
Die Quesadillas sind eine Art Käsekuchen aus Frischkäse, Eier, Mehl, Zucker, Zitrone und einem Hauch Anis. Gebacken wird nach einem uralten Rezept in mehreren Insel-Bäckereien.
Diese süße Versuchung ist kanarenweit bekannt und wird auch auf den anderen Inseln in Supermärkten oder Restaurants als Spezialität aus El Hierro angeboten.

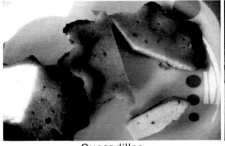 

Quesadillas   Queso de Almendras

Auch gibt es noch einige Abwandlungen vom Originalrezept die dann als Queso de Almendras mit Mandeln und Honig angeboten werden.
Wenn Sie Süßes lieben probieren sie mal die Quesadillas, die nicht ganz billig sind.

Restaurantempfehlungen

Da ich noch nicht alle Restaurants getestet habe gebe ich die Empfehlung einer Freundin, die seit 20 Jahren auf El Hierro lebt und sich gut in der heimischen Küche auskennt, weiter:

Valverde

La Taberna de la Villa (Rathausplatz)	Geschmackvolles Interieur und Essen
Brisas de Asabanos (über der Farmacia)	Kanarische Küche mit „Know How"
Bar Luis (gegenüber altem Hospital)	Einfach, sehr typisch, reichlich und günstig
La Mirada Profunda (hinter der Tankstelle)	Gut und teuer, mittags günstiges Menü

Echedo

La Huigera de Abuela (neben Dorfplatz)	Schöner Innenhof, gutes Essen, teuer

Pozo de las Calcosas/Mocanal

Guay	Beste Pizza der Insel, künstlerische Einrichtung (nur abends Fr./Sa./So.)
La Barca	Sardinen, Fisch, Fleisch u. vegetarisch
Bar Carlos	Typisch, schöner Blick, Fischgerichte
Mocanal (Hotel)	Gute Küche mit Gemüse

Guarazoca

La Pasada (Hauptstraße)	Familienbetrieb, Meerblick, Grill, gut und günstig

| Mirador de la Pena (Beschreibung unter Miradore) | Etwas Besonderes, gute Inselkost, günstiges Menü 12.- € |

El Pinar

| La Sabina | Einheimisch, rustikal |

La Restinga

| El Refugio/La Vieja Pandorga | Fangfrischer Fisch zum Genießen |
| Kiosco Tacoron (Beschreibung unter Badebuchten) | Terrasse mit Meerblick, Holzofen Pizza einfach lecker |

La Vieja Pandorga Restinga　　　　　　Kiosco Tacoron

El Golfo

Hotel Punta Grande (ehem. kleinstes Hotel)	Angenehme Atmosphäre, frischer Fisch, teuer
La Mareta (Las Puntas)	Fisch und Pizza, gut und teuer
La Maceta Restaurant	stilvoll
Sol de Espana, Calle Belgara	Gute Hausmannskost

Tigaday

| Don Din 2 (oberhalb Busbahnhof) | Chinesisch am Wochenende, gut |
| El Guanche/Casa Bildo | Gut und günstige Hausmannskost |

Richtung Los Llanillos

Il Pomodoro	Italienische Küche
El Horno de Merese	Leckere Pizza zum mitnehmen
Artero (etwas weiter rechts)	Holzkohlegrill, große Fleischportionen

Las Playas

Hotel Parador	Stilvoll, gut und teuer
Bohemia	Holzkohlegrill (hauseigener Heiliger)

Auch die italienische und chinesische Küche hat auf El Hierro bereits Einzug gehalten. Vielleicht eine Bereicherung der heimischen Gastronomie.
Mac Donald & Co gibt es zum Glück noch nicht ... zur Zeit jedenfalls noch nicht.

Leberwurst und Schweinskopfsülze

Gibt`s nicht auf El Hierro ?
Bis vor wenige Monate hätte ich auch diese Frage verneint. Inzwischen haben aber auch deutsche Produkte Einzug gehalten. Mit einem so reichhaltigem Sortiment, dass selbst ich als Palmero (La Palma hat 10x mehr Einwohner) nur noch neidisch drein blicken kann.

Sie denken sicher jetzt, - was brauche ich deutsche Lebensmittel, ich bin doch

in Urlaub.
Als Tourist können sie die 2 – 3 Wochen ohne deutsche Produkte auskommen. Leben sie aber mal 10 und mehr Jahre in der Fremde, dann kommt schon das Verlangen nach frischem deutschen Brot, nach Romadur (der Stinkerkäse), Leberwurst und Schweinskopfsülze.

Hat in der Vergangenheit ein Freund als Gastgeschenk eine Dose Hausmacher Leberwurst oder eine Tube Düsseldorfer Löwensenf aus Deutschland mitgebracht, wurde dies erst einmal tagelang bestaunt und angeschaut bis es dann genussvoll verzehrt wurde.
Es war ein Genusserlebnis und jetzt ... liegt es in Hülle und Fülle vor mir im Regal auf der kleinsten Insel El Hierro. Weihnacht und Ostern zusammen, so könnte ich das Gefühl beschreiben …. das können sie sicher nicht nachvollziehen, aber es ist so.

Als auf La Palma die Neuigkeit seine Runde machte trafen schon die ersten Bestellungen ein, doch beim nächsten Besuch dies und jenes mitzubringen. Es wird sich wohl auch in Zukunft kein Shopping-Tourismus gen El Hierro entwickeln, aber zur Art meine Mitbringsel muss ich mir keine Gedanken mehr machen.

Falls sie auch einmal einen Blick in die neue Bezugsquelle werfen möchten: SPAR/Terencio Supermarket, Tigaday/La Frontera, Calle San Salvador (Parallelstraße unterhalb Hauptstraße).

Täuschung oder Wirklichkeit – die Insel San Borondon

San Borondon ?... Eine Insel San Borondon – Nie gehört.
Wo soll diese Insel liegen?... bei den Kanaren ?

Auf keiner Landkarte, zumindest auf keiner neueren Karte, ist diese Insel verzeichnet.
Doch gibt es viele Geschichten und Erzählungen die von dieser Insel berichten. Auch in alten Seekarten ist westlich der Kanaren eine Insel mit dem Namen San Borondon verzeichnet.

Sie haben sicher schon vom versunkenen Inselreich „Atlantis" gehört. Einige Forscher und Wissenschaftler vermuten, dass es im Bereich der Kanaren lag oder Teile davon heute die Kanarischen Inseln sind.
Noch vor nicht allzu langer Zeit rankten sich sehr viele Geschichten um eine geheimnisvolle Insel und manche fragen sich noch heute, ob da nicht doch – wenigstens teilweise – etwas dran sei.

 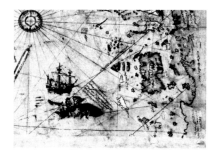

Als die Kanarischen Inseln im 15. Jahrhundert erobert wurden, sprach man immer wieder von einer „achten" Insel, die manchmal im Westen des Archipels, nicht weit von La Palma, La Gomera und El Hierro gesehen worden

sein soll. Wann immer aber Seeleute versuchten, vor der Küste der geheimnisvollen Insel zu ankern, soll diese sich in Nebel gehüllt haben und verschwunden sein.
Ob wahr oder nicht – seit Jahrhunderten erzählt man sich nun schon Geschichten über die geheimnisvolle Insel, die man hier unter dem Namen „San Borondón" kennt.
Hunderte von Veröffentlichungen zeigen, dass sich über Jahrhunderte Literaten, Chronisten und Wissenschaftler aus aller Welt intensiv mit dieser Insel beschäftigten. Die Archive von Staat und Kirche sind gefüllt mit Büchern und Berichten über San Borondon. Immer wieder taucht am Horizont geisterhaft diese Insel auf, um dann wieder spurlos zu verschwinden.

Auch heute noch taucht San Borondon als Name eines Restaurants, ein Hotel, ein Unternehmen, als Straßenname oder als Radiosender auf. Der Name wurde niemals vergessen – er ist immer noch all gegenwärtig.

Was ist dran an dieser geisterhaften Insel ? - Die Sage und Legende

Der Legende nach soll ein irischer Mönch namens Saint Brandán (484-577) die Insel einst auf einer seiner abenteuerlichen Reisen entdeckt haben. Ein Einsiedler namens Barinthus hätte ihm erzählt, dass es ein wundersames Land gäbe, in dem Gott die Heiligen nach ihrem Tod weiterleben ließe. Es soll sich um eine Insel westlich der sogenannten Inseln der Wonne, der Glückseligen – wahrscheinlich die heutigen Kanaren – handeln, bedeckt von einer üppigen Vegetation, Früchten und herrlichen Edelsteinen. Barinthus wäre allerdings von einem Engel von der Insel vertrieben worden.

San Brandán soll daraufhin gemeinsam mit dem Heiligen Maclonio und 14 Gefolgsleuten mit dem Schiff aufgebrochen sein, um sich auf die abenteuerliche Suche nach dem verlorenen Paradies zu machen. Sieben Jahre navigierten sie über den Atlantik, bis sie schließlich an einem Ostertag die von Barinthus beschriebene Insel gefunden hätten. Sie tauchte plötzlich aus einem Wolkenschleier aus dem Nichts auf. Dort landeten sie, stellten einen Altar auf und feierten eine Messe. Eine Insel voller Früchte und Edelsteine – dort wo

Milch und Honig fliest. Als sie die Messe beendet hatten, begaben sie sich zum Mahl, aber dann begann die Erde zu beben, sich zu bewegen und vom Schiff abzudriften. Alle stürmten ins Schiff und segelten hastig davon. In der Ferne sahen sie noch wie die Insel – einem riesigen Wal ähnlich – wieder im Meer versank.
Mittlerweile gibt es verschiedene Versionen der Legende über die Entdeckung und die Namensgebung der „achten Kanarischen Insel".
Bereits die Römer nannten die Insel **Aprositus**, was so viel bedeutet, wie die Insel die man nicht erreichen kann. Dieser Name war der offizielle Name der Insel bis zum Mittelalter.
Erst als die Spanier auf den Kanaren landeten, erinnerten sie sich an die Erzählungen des irischen Mönchs Saint Brandan und nannten fortan die Insel **San Borondon**.
Viele Manuskripte aus der damaligen Zeit sind heute noch in der Bibliothek von La Laguna auf Teneriffa zu finden.

Expeditionen zur verschwundenen Insel

Die damals wichtigsten seefahrenden Nationen, Spanien und England, führten verschiedene Expeditionen zur Auffindung der Insel durch um sie zu erobern und auszubeuten.
Selbst Kolumbus kreuzte auf seinem Weg nach Amerika mehrmals zwischen La Gomera und El Hierro um die Insel aufzuspüren - jedoch ohne Ergebnis.

Zwischen dem 15. Jahrhundert und dem Jahre 1721 gab es mindestens sechs erfolglose Expeditionen, San Borondón zu lokalisieren. In Büchern, Dokumenten und Urkunden ist die vergebliche Suche nach San Borondon vermerkt.
Im Jahre 1721 beeidete der Bürgermeister von Valverde, Don Matea Dacesta gegenüber dem Militärkommandanten der Kanaren, San Borondon in einmaliger Klarheit gesehen zu haben. Eine daraufhin gestartete Militärexpedition brachte wieder kein Ergebnis.

Die wohl spektakulärste Entdeckungsreise fand allerdings erst im 19. Jahrhundert statt. Dazu brach der britische Naturforscher Edward Harvey auf. Als 18-jähriger hatte Edward Harvey ein Botanik- und Mineralogiestudium begonnen, das von der „Royal Society" gefördert worden war. Kurz darauf, im Jahre 1859, bereiste er als Mitglied einer Expedition Afrika. Daraus entstand eine Abhandlung über die unbekannte Pflanzenwelt der afrikanischen Küste. Drei Jahre später führte ihn eine weitere, von der besagten britischen königlichen Gesellschaft finanzierte Forschungsreise nach Madeira, La Palma und Teneriffa, wo er eine große Vielfalt hinsichtlich der Flora und des Klimas feststellte.
Auf Teneriffa hörte Harvey erstmals von San Borondón und war fasziniert. Nach Harveys Meinung musste die Insel existieren, da „Legenden immer auf etwas Wahrem basieren." Es hatte zuvor ja auch bereits zahlreiche Expeditionen gegeben und viele Menschen wollten die Insel gesehen haben.

Harveys Plan war es, als Entdecker San Borondóns in die Geschichtsbücher einzugehen. Er stürzte sich mit Feuereifer in dieses Projekt, verließ die „Royal Society", seinen bisherigen Förderer, und reiste nach Teneriffa. Nach Gesprächen mit militärischen und zivilen Behörden besorgte ihm schließlich der örtliche Repräsentant einer britischen Handelsgesellschaft ein Schiff. Anfang 1865 brach Harvey auf und will vom 14. bis zum 21. Januar San Borondon erforscht haben; seine Tagebuchaufzeichnungen und Fotografien sollten als Beweis der Untersuchungen dienen.

Nach seiner Rückkehr nach London zog er sich zurück, um seine „großen Entdeckungen" aufzubereiten.

Gesundheitlich stand es mit Edward Harvey allerdings nicht zum Besten. Er hatte sich auf seiner Afrika-Reise mit einem unbekannten Virus infiziert, der Halluzinationen und Fieberanfälle hervorrief. Es gelang ihm nicht, die damalige Fachwelt von seinen Erkenntnissen zu überzeugen. Er verspielte schnell seine Reputation als Wissenschaftler und wurde von seinen Kollegen für verrückt erklärt. Edward Harvey starb vergessen im Jahre 1903.
Ein Grund, warum ihm nicht viel Glauben geschenkt wurde, dürfte die Qualität

seiner Fotografien gewesen sein. Bereits in den vierziger und fünfziger Jahren des 19. Jahrhundert waren Expeditionen besser fotografisch dokumentiert worden.
Im Vergleich mit den vorhandenen technischen Möglichkeiten war die Ausrüstung Harveys veraltet. Wie weit die Fotografien durch den Transport litten oder von den Expeditionsteilnehmern manipuliert wurden, ist nicht mehr feststellbar.

San Borondón hingegen blieb auch nach Harveys „Entdeckung" ein rätselhafter Ort, dessen magische Anziehungskraft nicht durch die Konfrontation mit der Realität entzaubert wurde. Es scheint eine sehr surreale Traumwelt zu sein, wenn man die Fotos und Zeichnungen von Harvey und seinen Mitarbeitern betrachtet: Dort gibt es mächtige Vulkane, undurchdringliche Urwälder und turmhohe Wasserfälle.

Edward Harvey wurde in Teneriffa 2004 und 2005 auf La Palma die Ausstellung „San Borondon, die entdeckte Insel" gewidmet.
Im Jahre 1936 wurde San Borondón erneut gesichtet. Pedro González Vera widmete diesem Ereignis ein ganzes Buch „Memorias de San Borondón". Eine Mischung von Legenden und etwas Roman.

Auch wenn es fast weh tut, die wunderbaren Geschichte und Legenden in Frage zu stellen, drängt sich dennoch nochmals die Frage auf, was es denn nun mit der achten kanarischen Insel auf sich haben könnte, die regelmäßig ein paar Mal pro Jahrhundert auftaucht.

Was wissen wir von der geheimnisvolle Insel ?

Aus alten Karten wissen wir, dass San Borondon westlich zwischen El Hierro und La Palma liegen soll. Auch Beobachtungen und alte Aufzeichnungen weisen diese Himmelsrichtung aus. Im Mittelalter, aus dieser Zeit stammen die meisten Karten, waren die Geographen noch nicht in der Lage präzise Ortsangaben zu skizzieren. Daher schwanken optisch die Entfernungsangabe von 40 km bis zu mehreren Hundert Kilometern.

Aus Dokumenten und Berichten sind jedoch genauere Angaben zu entnehmen. Die Insel liegt 100 Leguas südwestlich von La Palma und 40 Leguas nordwestlich von El Hierro. Legua ist die alte spanische Meile und entspricht 5,57 km.

Danach sollte San Borondon 557 km südwestlich von der Insel La Palma und 228 km nordwestlich von El Hierro zu finden sein.

Auch die Größe der Insel ist überliefert – 87 Legua lang und 40 Leguas breit – also 485 km x 228 km. Eine stattliche und große Insel, und damit um einiges größer als jede der bekannten Kanarischen Inseln. Teneriffa ist z.B. 80 km lang und 50 km breit.

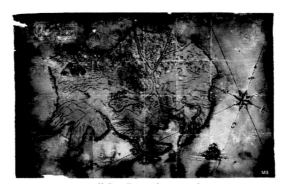

so soll San Borondon aussehen

Sie hat eine eigenartige Geographie: In ihrer Mitte befindet sich eine Mulde, an deren Nord- und Südseite mächtige Gebirge aufragen, wobei das nördliche das höhere ist, so der Chronist Abre-Galindo im 16. Jahrhundert.

Pedro Vello, portugiesischer Seefahrer, will sie sogar mit seiner Besatzung seines notgestrandenen Schiffes betreten haben. Tritte und Fußspuren von Menschen „doppelt so groß wie normal" und eine wunderliche Tier- und Pflanzenwelt. Reichlich vorhandene grüne Bäume, tiefe Schluchten und einen Bach mit kristallklarem erfrischenden Quellwasser. Auf einer Hochebene, groß wie eine Heide, fand er Feuerstellen umgeben von Muschelschalen und Gehäuse von Meeres- und Napfschnecken. Nahe dem Meer war die Erdoberfläche rissig und es wuchsen Malven und Mohn. Große Kuh-, Rinder- und Ziegenherden grasten auf den Weiden. Von den Portugiesen wird San Borondón auch „Non Trubada", die „Unerreichbare", genannt.

Umfangreichere Informationen gibt es von Edward Harvey der vom 14.1.1865 bis 20.1.1865 nach seinen Angaben auf der Insel war.

Nach seinen Tagebuchaufzeichnungen erreichte er nach einer sehr stürmischen Überfahrt - mit großen Schäden am Schiff - von vier Tagen San Borondon.

„Wir stehen vor einer ziemlich abrupten Küste vulkanischen Ursprungs. Es gibt zwei große Berge von mehr als 3000 m Höhe im Norden. Durch eine Schlucht fliest ein Strom mit Kaskaden, über die das Wasser 60–70 m nach unten fällt. Über unseren Köpfen fliegen eine Spezies von Möwen die ich noch nie gesehen habe. Sie haben keine Angst vor uns und lassen sich mit bloßen Händen fangen.

Zwischen zwei Bergketten gibt es einen See oder Sumpf. Es wachsen immense Farne und eine dichte Vegetation. Dieses Tal ist sehr voller Leben. Von einem Gipfel aus sehen wir in 3 oder 4 Meilen Entfernung einen beeindruckenden schwarzen Vulkan. Wie eine Insel im Meer umgeben von schwarzer Lava.
Wir stiegen durch einen herrlichen Wald voller Flechten und Moose, Farbe und Größe die ich noch nie gesehen hatte. Am Abend lagerten wir unter einem Riesenbaum von außerordentlicher Größe. Die Basis des Stammes war größer als ein Haus und muss einen Durchmesser von 12 bis 15 Fuß haben (1 engl. Fuß= 30,48 cm)

Modell

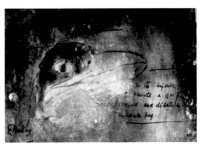

Im Meer beobachteten wir Schnabelwale. Im Innern der Insel brüteten Schildkröten auf den Felsen. Ich war ziemlich überrascht, da sie normal nur am Sandstrand brüten. Beim Näherkommen sah ich, dass es Bestien waren, halb Schildkröte und halb Insekt. Die Beine sind die wie von einem Insekt, mit kleinen Krallen an den Enden. Sie stießen ein pfeifartiges Geräusch aus.

Die Nächte waren sehr angenehm zwischen 15-16°.

Während der Jagd nach Nahrung erschien aus einem Busch ein Tier so groß wie eine Schildkröte, mit einem dämonischen Blick und großen Stacheln -wie Stacheldraht- am ganzen Körper. Seine Beine waren dick und es hatte einen sehr langen Hals.
Wir sind an einem Ort so fern vom Rest der Welt, dass sich die Tier- und Pflanzenarten unterschiedlich und außergewöhnlich isoliert haben.
Es gibt einige Vögel so groß wie ein Strauß – sie sind wirklich fabelhaft und haben Kämme auf ihren Köpfen aus Federn. Sie fangen kleine Säugetiere in der Größe eines Kaninchens. Fleischfressende Strauße, ein weiteres Geheimnis der außergewöhnlichen Tierwelt von San Borondon.
Plötzlich, - ohne zu merken was los war und zu reagieren, spürte ein Vogel unsere Anwesenheit und stürzte sich auf meinen Begleiter Simon. Angesicht des unmittelbar bevorstehenden Angriff des Tieres, schoss Simon zwei Schüsse mit seiner Pistole in die Luft, was dem Tier die Möglichkeit gab den Unterarm zu erreichen und mit seinem langen Schnabel den Arm zu brechen.

Die Abfahrt von San Borondon erfolgte am 21.1.1865 dann Hals über Kopf da der Besatzung alles unheimlich vorkam und sie anfing zu meutern. Da auf der

Hinfahrt im Sturm alle Navigationsinstrumente zerstört wurden fuhr man tagelang Richtung Osten um am 25.1.1865 den Hafen von Funchal (Madeira) zu erreichen."

Genaue Orts- und Positionsangaben finden wir auch hier nicht. Nach seinen Tagebuchaufzeichnungen stand Harvey so unter Druck etwas zu finden und später daheim in London zu präsentieren, daß gewisse Zweifel am Wahrheitsgehalt aufkommen könnten.

Neue Beobachtungen und Erklärungsversuche

„Ohne Märchen und Wunder ist das Leben kalt."
So der Herreno José Padron Machin, der als einer der letzten die Insel San Borondón im Jahre 1956 mit eigenen Augen sah und als Chronist und Schriftsteller dieses Erlebnis ausführlich beschrieben hat.

„Als 1956 die Insel San Borondon wieder auftauchte holten mich Nachbarn ab und zeigten mir die Stelle von wo aus die Insel zu sehen war. Ich erlebte das schönste Schauspiel meines Lebens. Wie aus Silber gemeißelt hob sich die Insel, ein wenig dunkel, doch mit scharfen Konturen, aus dem Meer, ein wirkliches Gebilde, echt und schön. San Borondon gleicht keiner der Kanarischen Inseln. Wie gebannt saß ich 2 Stunden, sah und sah – Klar und immer klarer trat die Insel ans Licht.
Ich sah deutlich Berge und Schluchten und wie Wellen und Gischt an ihren Strand schlugen.
Es war ein klarer Tag ohne Dunst und Nebel. Die Insel tauchte im Morgengrauen auf verschwand langsam wieder gegen 12.oo oder 1.oo Uhr am Mittag.
Sie war nur von einem ganz bestimmten Platz auf El Hierro der „El Binto" genannt wird zu sehen. Entfernt man sich um nur 300 m ist sie nicht mehr zu sehen. Die Blickrichtung vom El Binto war zum Faro la Orchilla gerichtet."

Drei seriöse und bekannte Persönlichkeiten bezeugten diese Inselerscheinung. Don Virgilo Brito - Kulturdezernent von La Gomera, Prof. Luis Diego Cuscoy – Direktor des „Museo Arqueologico" in Santa Cruz de Tenerife und der offizielle Inselchronist Jose Padron Machin von El Hierro.

1958 publiziert die bekannte spanische Zeitung ABC ein aufsehenerregendes Foto von San Borondón, aufgenommen von Manuel Rodríguez Quintero.

An einem Nachmittag im Jahre 1958 wanderte der Palmero Quintero (1897 - 1971) in der Nähe von Triana, einem Ortsteil von Los Llanos de Aridane (La Palma), durch die Bananenplantagen.

Plötzlich tauchte am Horizont eine Insel auf. Er war sich der Bedeutung bewusst und kannte die Erzählungen von San Borondon.

Ohne zu zögern machte er mehrere Schnappschüsse von der Geisterinsel und der im Wasserbecken davor badenden Kinder.

Die Kinder wurden Zeugen des unheimlichen Schauspiels. 1982 wurden sie nochmals dazu befragt und erinnerten sie sich ganz genau an die damaligen Geschehnisse und den ca. 20 min. dauernden Vorgang bis die Insel wieder im Meer verschwand.

Im Jahre 1968 ereignete sich wieder ein mysteriöser Vorgang der mit San Borondon in Verbindung gebracht wird.

Am 20. Juni 1968 liegt der 25 Tonner „Fausto" an einer Anlegestelle vor La Frontera an der Westküste El Hierros. Er hatte wie bereits schon hundert mal zuvor, Material für die Anlage neuer Bananenkulturen gebracht.
Am Morgen des 21.6. legt er bei ruhiger See und klarer Sicht mit 4 Mann Besatzung ab um wieder in seinen Heimathafen Tazacorte auf La Palma zu kommen. Dort kommt er jedoch nie an.

Eine Suchaktion mit Aufklärungsflugzeugen und Schiffen wird zwischen El Hierro und La Palma gestartet. Da vermutet wird daß bei einem Motorausfall und der herrschenden Nordost Windströmung das Schiff auf das offene Meer abgetrieben sein könnte, wird der Suchradius auf 200 Seemeilen südwestlich von El Hierro ausgeweitet. 7 Flugzeuge und viele Schiffe sind an der Suche beteiligt.

Am 25. Juni kommt die Nachricht von einem britischen Handelsschiff, der

„Duquesa" man habe die Fausto etwa 95 km entfernt von La Palma gefunden. Alles sei in Ordnung, genügend Treibstoff und Wasser an Bord. Die Fausto sei auf dem Wege und würde morgen auf La Palma einlaufen.
Der nächste Tag verging und Fausto kam nicht an. Auch nicht am darauffolgenden Tag. Die Suchaktion wurde wieder aufgenommen, verstärkt durch amerikanische Radarflugzeuge. Der Suchradius wurde auf 12.000 Quadrat-Meilen erweitert – ohne Erfolg. Die Fausto war wie vom Erdboden oder besser vom Meer verschluckt. Kein Lebenszeichen, keine Trümmerteile ... nichts.
Nach 17 Tagen wurde die Suche dann ergebnislos eingestellt.

Die wildesten Spekulationen machten nun die Runde. Sind sie auf San Borondon gelandet, vom schwarzen Loch verschlungen worden oder illegal nach Südamerika immigriert.

<u>Das war aber noch nicht der letzte Akt der Fausto.</u>

Am 11. Oktober 1968 kam überraschend die Meldung über die Entdeckung der Fausto. Ein italienischer Frachter „Anna die Maio" hat die Fausto treibend mit einer Leiche an Bord, ca. 120 Meilen von La Palma entfernt, gefunden. Er habe sie im Schlepptau und nehme sie mit zu seinem Zielhafen Puerto Cabello in Venezuela.
Dem noch nicht genug, kam am 14.Oktober die Nachricht, der italienische Kapitän habe die sich im Schlepptau befundene Fausto verloren.
Bei einer späteren Befragung des Kapitäns im Hafen von Cabello sagte dieser aus: Die Fausto sah aus wie ein Geisterschiff, bis auf die Leiche waren keine Sachen, Dokumente oder Geschirr an Bord.
Um die Fausto ranken sich bis heute Legenden und Sagen, so traurig diese Episode auch ist.

Auch weitere Augenzeugen wollen in jüngerer Zeit San Borondon gesehen haben. So Julia León, die 1983 von Fuencaliente im Süden von La Palma aus eine Insel gesehen haben will, dort wo sich sonst nur Meer befinden würde.

Auch zwei Zwischenfälle mit Schiffen 1991 und 1992 gegen ein unidentifiziertes Objekt, ungefähr dort wo San Borondón seit Jahrhunderten gesichtet wurde, werden angeführt.
Für mich nicht glaubwürdig, da man auch Dinge die im Moment nicht erklärbar sind, dieser Insel anhaftet.

Das unheimliche schwarze Loch

Tatsache ist, es gibt im Ozean westlich von El Hierro das sogenannte „Schwarzes Loch" mit dem Namen HOYO GRANDE. Ein jäher Sturz im Boden des Atlantiks mit einer Gesamttiefe von 6000 m.
Der größte Teil des Sockels von El Hierro liegt unter der Meeresoberfläche. Was wir als Insel über der Wasseroberfläche sehen ist nur das oberste 1/3. Also nur die Spitze des Eisberges..
Die Küste fällt im Atlantik sehr steil ab bis auf 3000 m Meerestiefe. Es genügen nur wenige km mit dem Boot heraus zuzufahren und wir haben bereits 3000 m Wasser unter dem Kiel.

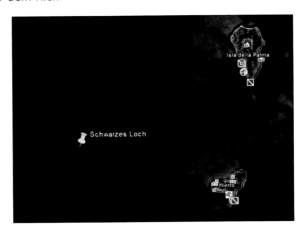

Das „Schwarze Loch" liegt ungefähr an der gekennzeichneten Stelle, auch wenn es auf der Satellitenaufnahmen nicht auszumachen ist. Das Gebiet ist auch die Stelle oder Richtung wo San Borondon immer wieder auftauchen soll. Meeresgeologen haben bereits vor vielen Jahren durch Messungen und Untersuchungen die Existenz bestätigt.

Erst 2009 haben englische Forscher auf dem Grund des Atlantiks ein gewaltiges Loch in der Erdkruste gefunden. Wo sich Gestein der Kruste kilometerdick auftürmen müsste, liegt der Erdmantel frei. Die Geologen schwärmen vom "Fenster ins Innere der Erde".
Es liegt auf halber Strecke zwischen El Hierro und der Karibik und hat einen

Durchmesser von drei bis vier Kilometern. Allerdings füllen sich diese Löcher normalerweise von unten wieder mit Lava auf. Was hier nicht der Fall ist. Stattdessen könne man direkt auf den Fels des Erdmantels blicken - der grün schimmert, weil er aus dem Mineral Olivin besteht.

Wie es entstanden ist oder warum in Jahrmillionen sich genau hier keine Ablagerungen angesammelt haben bleibt die große Frage. Auch könnte sich durch die Annäherung zum Erdkern die Wassertemperatur drastisch erhöhen, Erdstrahlen verstärkt austreten oder der Magnetismus sich an dieser Stelle ändern. Die Erforschung der Meere steckt noch in den Kinderschuhen.

Ähnlich könnte es sich mit dem „Schwarzen Loch" dem Hoyo Grande vor El Hierro verhalten. Vielleicht hängt es ursächlich mit dem Erscheinen von San Borondon zusammen.

Eines der vielen Rätsel die es noch zu erforschen gibt.

Ist San Borondon eine Fata Morgana ?

Einige Beobachter glauben, daß es sich beim Auftauchen der Insel um eine Sinnestäuschung oder eine Fata Morgana handelt.

Sinnestäuschung

Optische Täuschung

Die schnelle Bewegung und der Fels im Hintergrund suggerieren eine auftauchende Insel, während das rechte Foto gleich drei Inseln zeigt. Tatsächlich ist es nur La Palma und im Hintergrund Teneriffa mit dem Teide.

Ob optische Täuschung, Sinnestäuschung oder Fata Morgana – viele Menschen haben von unterschiedlichen Standorten San Borondon gesehen und eine fast identische Beschreibung der Insel abgegeben. Auch die Lage, also die Himmelsrichtung SW stimmt immer überein. Die Beobachtungen erfolgten kurz nach Sonnenaufgang oder wie das Foto von Quintero um 17.00 am Nachmittag.

Auffällig ist jedoch, daß niemals <u>gleichzeitig</u> eine größere Menschengruppe dieses Phänomen beobachtet hat. Normal würde fast jeder eine Veränderung auf dem Meer bewusst oder auch unbewusst wahrnehmen und davon berichten.

Aber Fehlanzeige, - auch der Chronist von El Hierro Sen. Padron schildert:

„ Entfernt man sich um nur 300 m vom Beobachtungsstandort ist sie nicht mehr zu sehen".
Unter normalen Umständen ist bei freier Sicht ein Gegenstand von jedem Standort aus bei gleicher Entfernung zu sehen.
Das das nicht stimmen muss weiß jeder der von La Palma aus die 100 km entfernte Insel Teneriffa beobachtet. Kann ich vom Standort A den Teide und die eingeschnittenen Barrancos klar und deutlich erkennen, ist eine Beobachtung vom nur wenige km entfernten Punkt B nicht möglich. Die Insel Teneriffa ist verschwunden. Kehre ich wieder zurück liegt sie wieder in voller Pracht vor mir.
Hier spielen also optische und thermische Faktoren eine entscheidende Rolle.

Fata Morgana Gebirge

Fata Morgana in der Wüste

In der Natur treten Fata Morgana Erscheinungen besonders in der Wüste auf, wenn der Boden stark erhitzt ist. Aber auch über dem Meer ist es möglich. Es müssen in den unteren Luftschichten zwei extreme Temperaturunterschiede vorhanden sein. Kalte Luftmassen haben eine andere Dichte als warme Luft. An der Trennungslinie kommt es zur Reflexion bzw. Brechung der Lichtstrahlen. So kann zum Beispiel aus dem blauen Himmel ein See in der Wüste werden, wenn sich an der Grenze der beiden Luftschichten das Licht bricht und reflektiert wird. An diesen Luftgrenzschichten können sich auch weit entfernte, "hinter dem Horizont" liegende Gegenstände spiegeln, die sonst nicht zu sehen wären.

Der Teide auf Teneriffa scheint in der Luft zu schweben. Das kommt durch die Beugung des Lichtstrahles über 100 km. Genauso ist es möglich bei Nacht und klarer Sicht über diese Entfernung Autoscheinwerfer deutlich zu erkennen.
Aus eigener Erfahrung in der Sahara weiß ich, daß über große Entfernungen kleine Gegenstände groß erscheinen können.
Inmitten der algerischen Wüste tauchte am Vormittag plötzlich in 2-3 km geschätzter Entfernung ein dunkler Gegenstand von der Größe eines 5-6 stöckigen Gebäudes auf. Allen war klar, daß hier in der Sahara kein so großes Haus stehen kann. Wir fuhren direkt darauf zu und es wurde ein langer Weg. Über die gesamte Zeit von 5-6 Stunden hatten wir den Gegenstand immer als Zielpunkt vor den Augen. Allmählich wurde der Gegenstand kleiner – ein 2 stöckiges Gebäude, dann ein Schuppen bis wir nach ca. 25 km Fahrt direkt vor dem dunklen Objekt standen.
Es war ein altes Ölfass mit der Aufschrift „Paris 1926", ein Überbleibsel der französischen Fremdenlegion.
Das Licht kann durch Brechung, Spiegelung oder Krümmung doch so manches Phantasiebild vor die Augen zaubern das real in Größe, Form und Entfernung überhaupt nicht existiert.

<u>Doch eine entscheidende und wichtige Frage bleibt ein ungelöstes Rätsel.</u>

Was verursacht diese Fata Morgana Insel San Borondon? Welche andere Insel spiegelt sich hier ?
Weit und breit über tausende von Kilometer westlich von El Hierro gibt es keine Insel oder Land. Erst nach 7000 km treffen wir auf die Karibik und Südamerika. Eine Luftspiegelung über diese große Entfernung ist nicht möglich oder jemals bekannt geworden.
Auch eine Spiegelung von El Hierro, La Gomera oder La Palma die sich im Rücken des Betrachter befinden ist physikalisch eigentlich ausgeschlossen. Bisher geht man davon aus, daß Fata Morganas nur von Dingen entstehen können die in Blickrichtung liegen. Auch entspricht die beschriebene Form von San Borondon keiner der bekannten Kanarischen Inseln.

Sie sehen Fragen über Fragen.
Das macht die Rätsel und den Mythos um San Borondon so interessant. Lassen wir die Insel weiter 2 bis 3 mal im Jahrhundert auftauchen und dann wieder verschwinden. Um uns herum geschehen Dinge und gibt es Dinge, die es einfach nicht gibt, den ohne Märchen und Wunder ist das Leben kalt.